Friedrich Wilhelm Foerster und Albert Einstein.
Briefwechsel von 1935 bis 1954.

Herausgegeben von
Pascal Max

Pascal Max (Hg.)

FRIEDRICH WILHELM FOERSTER UND ALBERT EINSTEIN

Briefwechsel von 1935 bis 1954

ibidem-Verlag
Stuttgart

Die Deutsche Bibliothek - CIP-Einheitsaufnahme:

Ein Titeldatensatz für diese Publikation ist bei
Der Deutschen Bibliothek erhältlich

∞

Gedruckt auf alterungsbeständigem, säurefreien Papier
Printed on acid-free paper

ISBN: 3-89821-168-1

Printed in Germany

Herrn Univ.-Professor Dr. Dr. h.c. Franz Pöggeler
– früherer Lehrstuhlinhaber für Allgemeine Pädagogik
an der Rheinisch-Westfälischen Technischen Hochschule Aachen –
zum 75. Geburtstag am 23. Dezember 2001

Inhaltsverzeichnis

Seite

Seite

1. Einleitung

> „Ihr hauptsächlicher Kampf hat dem international bedrohlichen deutschen Militarismus und der damit zusammenhängenden Brutalisierung und überhaupt moralischen Schädigung gegolten. Wenn es mehr einsichtige Kämpfer von Ihrem Kaliber gegeben hätte, würden Sie vielleicht den Gang der Weltgeschichte wohltätig beeinflußt haben. So aber blieb Ihnen der äussere Erfolg versagt. Für all die Bitternisse, die Sie im Laufe eines langen arbeitsreichen Lebens erfahren haben, mag Sie aber wohl das Bewusstsein entschädigen, dass Sie Ihren moralischen Pflichten in höherem Masse gerecht geworden sind als fast alle, die in dieser Generation um eine Besserung der menschlichen Verhältnisse gerungen haben."[1]

Mit den voranstehenden Sätzen gratulierte der wohl bedeutendste Physiker des 20. Jahrhunderts, Albert Einstein, dem Philosophen und Pädagogen Friedrich Wilhelm Foerster zu seinem 85. Geburtstag am 2. Juni 1954. Einstein würdigte damit das politische Wirken Foersters, der unter den deutschen Pädagogen in der Zeit des Kaiserreichs, des Ersten Weltkrieges, der Weimarer Republik, des Nationalsozialismus und des Zweiten Weltkrieges einer der pointiertesten politischen Kritiker des Nationalismus und Militarismus war.

In der vorliegenden Schrift wird erstmals der Briefwechsel zwischen Friedrich Wilhelm Foerster und Albert Einstein in den Jahren 1935 bis 1954 publiziert, welcher in den Albert-Einstein-Archiven der Jüdischen National- und Univer-

[1] Albert-Einstein-Archive der Jüdischen National- und Universitätsbibliothek der Hebräischen Universität Jerusalem (Israel):
- Brief Albert Einsteins an Friedrich Wilhelm Foerster zu seinem 85. Geburtstag. Princeton, 21. Mai 1954. Maschinengeschriebener Brief, eine Seite. Signatur: 4°1576 – 59 695.

sitätsbibliothek der Hebräischen Universität Jerusalem (Israel) archiviert ist.[2] Einstein und Foerster korrespondierten in dem genannten Zeitabschnitt vor allem über politische Themen; im Mittelpunkt dieses Briefwechsels stand die kritische Auseinandersetzung mit dem Nationalsozialismus und dem Zweiten Weltkrieg, wobei Möglichkeiten der politischen Aufklärung sowie der Einflußnahme auf die alliierten Regierungen erörtert wurden. Foerster plädierte in seinen Briefen vor allem für den Aufbau eines internationalen politischen Informationsdienstes, der durch die Verbreitung und Veröffentlichung von Dokumenten, Memoranden, Petitionen und politischen Schriften die imperiale Großraumpolitik Hitlers und Nazi-Deutschlands aufdecken und deren verheerende Folgen für Europa und die gesamte Welt aufzeigen sollte.

* * *

Vor dem Abdruck des Briefwechsels zwischen Foerster und Einstein soll zunächst kurz dargelegt werden, wie sich Foerster und Einstein kennenlernten, und es soll einiges zum Ideen- und Gedankenaustausch zwischen beiden gesagt werden. Außerdem sollen wichtige Kerndaten der Biographie Foersters kurz wiedergegeben werden.

Albert Einstein hatte erstmals in seiner Zeit als Professor für Physik an der Universität Zürich und an der Eidgenössischen Technischen Hochschule Zürich von Friedrich Wilhelm Foerster gehört.[*] Einstein beurteilte Foerster, der

---

[2] Albert-Einstein-Archive der Jüdischen National- und Universitätsbibliothek der Hebräischen Universität Jerusalem (Israel):
- Briefe Friedrich Wilhelm Foersters an Albert Einstein von 1935 bis 1954. Signatur: 4°1576.
- Briefe Albert Einsteins an Friedrich Wilhelm Foerster von 1935 bis 1954. Signatur: 4°1576.

[*] Einstein wurde 1909 von der Universität Zürich auf das Extraordinariat für theoretische Physik berufen. Im Jahre 1911 war er als Professor für Physik an der Universität Prag tätig, kehrte jedoch bereits 1912 nach Zürich zurück, wo er als Professor für Physik an der Eidgenössischen Technischen Hochschule lehrte. Vgl. Laue, Max von: Albert Einstein. 1879 - 1955. IN: Die großen Deutschen. Deutsche Biographie. Hrsg. von Hermann Heimpel, Theodor Heuss und Benno Reifenberg. 4. Band. Berlin 1957. S. 386 - 397.

an denselben Zürcher Hochschulen als Privatdozent für Philosophie und Moralpädagogik tätig war, offenbar zunächst kritisch.[*] Carl Seelig erwähnt in seiner Einstein-Biographie ein Gespräch, das Einstein mit ihm als Physikstudent über Foerster geführt habe.[3] Nach einer Sitzung des einmal wöchentlich am Abend von 20.00 bis 22.00 Uhr stattfindenden Physik-Kolloquiums habe Einstein seine Studenten noch in das Zürcher Café „Terrasse" eingeladen. Seelig berichtet, bei dieser Zusammenkunft habe sich Einstein ihm gegenüber wie folgt über Foerster geäußert:

- *Einstein:* „Sie sind scheint's auch einer von denen, die in die Klauen des zweifelhaften Pädagogen Friedrich Wilhelm Foerster geraten sind!"

- *Seelig:* „Woher wissen Sie das, Herr Professor?"

- *Einstein:* „Von meinem Freund Marcel Großmann[+], der ja Ihr Lehrer gewesen ist."

- *Seelig:* „Warum soll Foerster ein zweifelhafter Pädagoge sein? Kennen Sie ihn persönlich? Oder haben Sie schon etwas von ihm gelesen? Ich bin ganz anderer Auffassung als Sie. Ich halte ihn für einen hervorragenden Pädagogen und mutigen Mann."

- *Einstein:* „Könnten Sie mir von ihm etwas zu lesen geben?"[4]

---

[*] Zu Foersters wissenschaftlichem Wirken als Privatdozent für Philosophie und Moralpädagogik an der Universität Zürich (seit 1898) und an der Eidgenössischen Technischen Hochschule Zürich (seit 1901): Vgl. Max, Pascal: Pädagogische und politische Kritik im Lebenswerk Friedrich Wilhelm Foersters (1869 - 1966). Stuttgart 1999. S. 37 ff., 44 ff.

[3] Seelig, Carl: Albert Einstein. Eine dokumentarische Biographie. Zürich, Stuttgart, Wien [2]1954 (umgearbeitete und stark vermehrte Auflage des 1952 erschienenen Buches „Albert Einstein und die Schweiz"). S. 121.

[+] Marcel Großmann (1878 - 1936) war ab 1907 Professor für Mathematik mit dem Schwerpunkt Geometrie an der Eidgenössischen Technischen Hochschule Zürich.

[4] Seelig, Carl: Albert Einstein. Eine dokumentarische Biographie. A.a.O., S. 121.

Carl Seelig kommentiert dieses Gespräch in seiner Einstein-Biographie mit den folgenden Worten: „Dieser an sich unbedeutende Vorfall beweist, daß er [= Einstein; Anm. des Verfassers] jederzeit bereit war, ein Urteil vorurteilsfrei nachzuprüfen, auch wenn es nur von einem unreifen Studenten kam. Der damals diskutierte Professor F. W. Foerster, der jahrzehntelang tapfer gegen den preußischen Militarismus gekämpft hat, lebt heute in Not und Armut in New York.“[5]

Die Vorbehalte, welche Einstein zunächst gegenüber Foerster hatte, rührten offenbar daher, daß er Kenntnis über die kritische Beurteilung Foersters in der Zürcher Öffentlichkeit hatte. In seinen Büchern und in seinen Lehrveranstaltungen als Privatdozent für Philosophie und Moralpädagogik an der Universität und an der Eidgenössischen Technischen Hochschule Zürich hatte sich Foerster offen für eine christlich-religiöse Grundlegung der Philosophie und Pädagogik ausgesprochen.[6] Dieses religiöse Bekenntnis Foersters führte innerhalb der Zürcher Öffentlichkeit und an den beiden Hochschulen zu starkem Widerspruch, weil dessen Vorstellungen nicht im Einklang mit den freisinnigen Traditionen der beiden Zürcher Hochschulen standen.[7] In der Stadt und im Kanton Zürich kam es zu kontroversen Diskussionen und Auseinandersetzungen zwischen katholischen und freisinnigen Kreisen über die Ansichten Foersters. Diese Auseinandersetzungen eskalierten im Jahre 1911

---

[5] Ebd., S. 121.

[6] Max, Pascal: Pädagogische und politische Kritik im Lebenswerk Friedrich Wilhelm Foersters. A.a.O., S. 58 ff. Zu Foersters Plädoyer für eine christlich-religiöse Grundlegung der Philosophie und Pädagogik siehe u.a.: Foerster, Friedrich Wilhelm: Sexualethik und Sexualpädagogik. Eine Auseinandersetzung mit den Modernen. Kempten, München 1907. Ders.: Christentum und Klassenkampf. Sozialethische und sozialpädagogische Betrachtungen. Zürich $^{1/2}$1908, ^{3}1909. Ders.: Sexualethik und Sexualpädagogik. Eine neue Begründung alter Wahrheiten. Kempten, München ^{2}1909, ^{3}1910, ^{4}1913, ND1917, ND1919, ND1920, ND1922, ND1923; Recklinghausen ^{6}1952, ND1970. Ders.: Autorität und Freiheit. Betrachtungen zum Kulturproblem der Kirche. Kempten, München $^{1/2}$1910, ^{3}1911, ^{4}1920, ^{5}1922, ^{6}1923.

[7] Max, Pascal: Pädagogische und politische Kritik im Lebenswerk Friedrich Wilhelm Foersters. A.a.O., S. 58 - 61.

zum sogenannten „Fall Foerster", bei dem sich christliche und freidenkerische Kreise „in die Haare gerieten".[8] Foerster wurden – offenbar vor allem auf Grund der Veröffentlichung seiner Schrift „Autorität und Freiheit" – katholisierende Tendenzen vorgehalten.[9] Parallel zu dem beschriebenen Konflikt wurde von bestimmten Kreisen der Zürcher Öffentlichkeit eine systematische Verleumdungskampagne gegen Foerster initiiert. Er wurde als „Wolf im Schafspelze" tituliert, der seine Lehrtätigkeit an den Zürcher Hochschulen lediglich dazu benutze, katholische Propaganda zu betreiben. Als Privatdozent habe sich Foerster zu einem „ultramontanen Moralpädagogen" entwickelt.[10] Das Ergebnis der beschriebenen Auseinandersetzungen war, daß

---

[8] Ebd., S. 58.

[9] Wilker, Karl: Der „Fall" Fr. W. Foerster. IN: Deutsche Blätter für erziehenden Unterricht. 39. Jahrgang, Nr. 32. Langensalza 1911/12. S. 319 - 321. Hier: S. 319. Vgl. Foerster, Friedrich Wilhelm: Autorität und Freiheit. Betrachtungen zum Kulturproblem der Kirche. A.a.O.

[10] Eberhard,Otto: Der „Fall Foerster" in der „freien" Schweiz. IN: Der alte Glaube. 14. Jahrgang. Kassel 1912. Sp. 1087 - 1098. Hier: Sp. 1091 f. Über die Verleumdungskampagne gegen ihn schrieb Foerster in der „Neuen Zürcher Zeitung" (Nr. 127, 1912): „Ich bin niemals als Wolf im Schafspelz herumgegangen. Meine Überzeugungen in bezug auf das Problem 'Kirche' habe ich in dem Buche 'Autorität und Freiheit' zum Ausdruck gebracht. Wer mich auf Grund dieses Buches zum 'Ultramontanen' stempelt, der hat entweder mein Buch nicht bis zu Ende gelesen, oder er vermag nur in den gröbsten Schablonen des Parteiradikalismus zu denken. Gewiß habe ich mich in dem Buche offen zur Idee einer zentralisierten Führung der menschlichen Kultur in bezug auf die sittlich-religiösen Grundfragen bekannt, habe psychologisch-soziologisch darzustellen versucht, warum das Chaos des Individualismus nicht das letzte Wort der fortschreitenden Kultur sein könne – aber ebenso unzweideutig habe ich auch hervorgehoben, daß eine ferne Wiedervereinigung der Kulturmenschheit in einer großen geistigen Institution nur denkbar sei, wenn die künftige Kirche gewisse unabweisbare Forderungen anerkannt und assimiliert haben werde, die heute im Mittelpunkte des Gewissens der nichtkatholischen Menschheit stehen. Wenn ich also außerhalb der heutigen Konfessionen stehe, so ist es deshalb, weil ich mich einer universelleren Wahrheit verpflichtet fühle, als im heutigen Katholizismus und Protestantismus zum Ausdruck kommt." So zitiert im folgenden Artikel: Für und wider Foerster. IN: Hochland. Monatsschrift für alle Gebiete des Wissens / der Literatur & Kunst. Hrsg. von Karl Muth. 9. Jahrgang, Band 2 (April 1912 - September 1912). Kempten, München 1912. S. 490 - 496. Hier: S. 494.

Foerster in Zürich eine Ernennung zum Professor versagt blieb. Er reichte deshalb im Frühjahr 1912 sein Rücktrittsgesuch ein und legte seine Lehrämter an der Universität und an der Eidgenössischen Technischen Hochschule in Zürich nieder.[11]

* * *

In den Jahren 1913 und 1914 war Foerster als außerordentlicher Professor für Pädagogik mit besonderer Berücksichtigung der „Sozial- und Moralpädagogik" sowie der „einschlägigen Teile der Philosophie" an der Universität Wien tätig. In dieser Zeit setzte er sich vor allem mit der politischen Rolle Österreichs in Europa auseinander, wobei er insbesondere die übernationale Kulturaufgabe Österreichs hervorhob.[12] Von 1914 bis 1920 war Foerster dann ordentlicher Professor für Pädagogik und Philosophie an der Ludwig-Maximilians-Universität in München, wo er einen der ersten selbständigen Lehrstühle für Pädagogik in Deutschland innehatte. Neben seinen Lehrverpflichtungen an der Universität München nahm Foerster von 1914 bis 1918 in Publikationen regelmäßig Stellung zum Weltkrieg; unter den deutschen Philosophen und Pädagogen war er einer der herausragendsten politischen Kritiker des Krieges.[13] Zum Ende des Sommersemesters 1920 trat Foerster von

---

[11] Max, Pascal: Pädagogische und politische Kritik im Lebenswerk Friedrich Wilhelm Foersters. A.a.O., S. 60.

[12] Ebd., S. 61 - 67. Seine staatsphilosophischen, ethisch-politischen und pädagogischen Vorstellungen über die Bedeutung Österreichs in Europa hat Foerster einige Monate vor dem Ausbruch des Ersten Weltkrieges unter dem Titel „Das österreichische Problem" veröffentlicht. In dieser Schrift sprach er sich für eine politisch-kulturelle Verständigung und Kooperation zwischen den verschiedenen Nationalitäten Österreichs aus. Foerster betonte, in Österreich dürfe die politische Pädagogik niemals dem Nationalismus huldigen, sondern sie müsse aufklärerisch und integrierend wirken. Es soll besonders darauf hingewiesen werden, daß sich Foerster mit seinen Vorstellungen in der Österreich-Schrift schwere Angriffe von Seiten der alldeutsch-nationalen Kreise zuzog. Vgl. Foerster, Friedrich Wilhelm: Das österreichische Problem. Vom ethischen und staatspädagogischen Standpunkte. Wien 1914, ^{2}1916.

[13] Max, Pascal: Pädagogische und politische Kritik im Lebenswerk Friedrich Wilhelm Foersters. A.a.O., S. 67 - 150. Vgl. Foerster, Friedrich Wilhelm: Christus und der Krieg. IN:

seiner Position als Lehrstuhlinhaber für Pädagogik und Philosophie an der Universität München zurück, weil nationalistische Kreise seine ethischen, demokratischen und pazifistischen Vorstellungen polemisch angriffen. Foerster zog die Konsequenz daraus, daß seine kritische Aufklärungsarbeit über die deutsche Kriegspolitik von 1914 bis 1918 als unerwünscht angesehen wurde. Nach seinem Abschied an der Universität München im Sommer 1920 kehrte Foerster nach Zürich zurück, wo er sich in den nächsten Jahren als Privatgelehrter und politischer Publizist betätigte.[14]

* * *

Das erste persönliche Zusammentreffen Friedrich Wilhelm Foersters mit Albert Einstein fand offenbar erst einige Jahre nach dem Ende des Ersten Weltkrieges statt. Im April 1922 reiste Foerster von seinem Wohnsitz in

---

Der Säemann. Jahrgang 1914, Heft 9. Leipzig 1914. S. 327 - 340. Ders.: Die deutsche Jugend und der Weltkrieg. Berlin, Kassel 1915; Leipzig [3]1916, [4]1918. Ders.: Staat und Sittengesetz. IN: Die Friedens-Warte für zwischenstaatliche Organisation. Hrsg. von Alfred H. Fried. 17. Jahrgang. Heft 3/4, März/April 1915. Berlin, Leipzig, Wien 1915. S. 25 - 30. Ders.: Zur Beurteilung des deutschen „Militarismus". IN: Blätter für zwischenstaatliche Organisation. Der „Friedens-Warte" XVII. Jahrgang. Nr. 5, Juli 1915. Zürich 1915. S. 165 f. Ders.: Bismarcks Werk im Lichte der großdeutschen Kritik. IN: Die Friedens-Warte. Blätter für zwischenstaatliche Organisation. Hrsg. von Alfred H. Fried. 18. Jahrgang, Nr. 1, Januar 1916. Zürich 1916. S. 1 - 9. Ders.: England in H. St. Chamberlains Beleuchtung. Ein Protest. München [1/2]1917, [3]1918. Ders.: Politische Ethik und Politische Pädagogik. Mit besonderer Berücksichtigung der kommenden deutschen Aufgaben. München [3]1918 (stark erweiterte Auflage des 1913 erstmals erschienenen Werkes „Staatsbürgerliche Erziehung"). Ders.: Weltpolitik und Weltgewissen. München 1919. Ders.: Zur Beurteilung der deutschen Kriegsführung. Berlin 1919 (= Veröffentlichung der „Deutschen Friedensgesellschaft" Berlin - Stuttgart). Ders.: Mein Kampf gegen das militaristische und nationalistische Deutschland. Gesichtspunkte zur deutschen Selbsterkenntnis und zum Aufbau eines neuen Deutschland. Stuttgart 1920. Vgl. auch: Lutz, Heinrich: Deutscher Krieg und Weltgewissen. Friedrich Wilhelm Foersters politische Publizistik und die Zensurstelle des bayerischen Kriegsministeriums (1915 - 1918). IN: Zeitschrift für bayerische Landesgeschichte. Hrsg. von der Kommission für bayerische Landesgeschichte bei der Bayerischen Akademie der Wissenschaften. Band 25. München 1962. S. 470 - 549.

[14] Max, Pascal: Pädagogische und politische Kritik im Lebenswerk Friedrich Wilhelm Foersters. A.a.O., S. 169, 171 ff.

Zürich aus für fünf Monate nach Deutschland. Er hielt sich in Berlin und anderen deutschen Städten auf, um Vortragsveranstaltungen durchzuführen und um sich über die deutsche Jugendbewegung zu informieren.* In dieser Zeit kam es u. a. auch zu einem Zusammentreffen mit Albert Einstein, bei dem höchstwahrscheinlich Fragen der politischen Aufklärung über die wahren Ursachen des Ersten Weltkrieges besprochen wurden. Eine genauere Terminierung dieser Begegnung und eine Rekonstruktion des Inhalts dieses Gespräches ist leider nicht möglich.[15] Der Kontakt Foersters zu Einstein ergab sich wohl vor allem deshalb, weil der Vater Friedrich Wilhelm Foersters, der Astronom Wilhelm Julius Foerster (1832 - 1921), im Oktober 1914 gemeinsam mit Albert Einstein, Georg Friedrich Nicolai, Otto Buek und anderen Personen der Friedensbewegung den pazifistischen „Aufruf an die Europäer“ unterzeichnet hatte, der sich gegen den Ausbruch des Ersten Weltkrieges wandte.[16]

* * *

Im Frühjahr 1926 siedelte Friedrich Wilhelm Foerster nach Paris über, wo er sich dann bis zum Jahre 1937 aufhielt.[17] Nachdem die Nationalsozialisten am 30. Januar 1933 die Macht in Deutschland übernommen hatten, entwickelte sich in der deutschen Öffentlichkeit eine scharfe Polemik gegen Foerster und dessen Schriften. Unter dem nationalsozialistischen Regime Adolf Hitlers

---

* Über die deutsche Jugendbewegung hat Foerster das folgende Buch veröffentlicht: Foerster, Friedrich Wilhelm: Jugendseele, Jugendbewegung, Jugendziel. Zürich 1923.

15 Paplauskas-Ramunas, Anthony: Interview mit Fr. W. Foerster. New York, USA. IN: Vierteljahrsschrift für wissenschaftliche Pädagogik. Hrsg. von Kurt Haase und Wilhelm Hansen (u.a.). 33. Jahrgang. Heft 1. 1957. S. 52 - 66. Hier: S. 52. Vgl. Foerster, Friedrich Wilhelm: Erlebte Weltgeschichte 1869 - 1953. Memoiren. Nürnberg 1953. S. 280.

16 Lipp, Karlheinz: Pazifistische Wissenschaftler gegen die Entfesselung des Ersten Weltkrieges. Der „Aufruf an die Europäer“ vom Oktober 1914. IN: Geschichte, Erziehung, Politik. Magazin für historische und politische Bildung. Hrsg. vom Pädagogischen Zeitschriftenverlag (Berlin). 8. Jahrgang, Heft 6. Berlin 1997. S. 359 - 361.

17 Max, Pascal: Pädagogische und politische Kritik im Lebenswerk Friedrich Wilhelm Foersters. A.a.O., S. 178.

wurde Foerster auf Grund seiner politischen Kritik zu einem der „bestgehaßten Männer".[18] Am 10. Mai 1933 wurden im Zusammenhang der Bücherverbrennung vor den Toren deutscher Universitäten auch Foersters Bücher öffentlich verbrannt. Franz Pöggeler hat darauf aufmerksam gemacht, daß Foerster der einzige deutsche Philosoph und Pädagoge war, dessen Bücher öffentlich verbrannt worden seien und dem durch die Nationalsozialisten die deutsche Staatsangehörigkeit aberkannt worden sei.[19] Im Juli 1937 ahnte Foerster das drohende Unheil eines erneuten Weltkrieges voraus und verließ deshalb sicherheitshalber Paris. Er siedelte mit seiner Familie in das kleine Bergdorf Mornex in Hochsavoyen nahe der französisch-schweizerischen Grenze über. Nach dem Beginn des Frankreichfeldzuges im Mai 1940 stellte Foerster vergeblich einen Asylantrag in der Schweiz, flüchtete nach Portugal und emigrierte dann in die Vereinigten Staaten von Amerika, wo er von Dezember 1940 ab in New York wohnte.[20] Im Verlauf des Jahres 1941 traf Foerster erneut mit Albert Einstein zusammen, der ihn in seinem Haus in Princeton (New Jersey) empfing. In einem Interview, das Anthony Paplauskas-Ramunas im Jahre 1957 mit Foerster führte, berichtete Foerster über seinen Besuch Einsteins in Princeton wie folgt: „Ich erinnere mich noch einer besonders eingehenden Unterredung in den Vereinigten Staaten, als ich ihn [...] in seinem Hause in Princeton besuchte und wir uns über die kommenden Schicksale und Prüfungen der gegenwärtigen Menschheit unterhielten. Er äußerte dabei außerordentlich pessimistische Ansichten, erwartete eine Wie-

---

[18] Görlich, Franz Joseph: Friedrich Wilhelm Foerster (1869 - 1966). IN: Österreichische Pädagogische Warte. Monatsschrift der Katholischen Lehrervereinigungen Österreichs. 54. Jahrgang, Heft 4, April 1966. Wien 1966. S. 107 - 110. Hier: S. 110.

[19] Pöggeler, Franz: Zwischen Staatsraison und Weltfrieden. Der Kampf Friedrich Wilhelm Foersters gegen Nationalismus und Nationalsozialismus. IN: Iven, Mathias (Hrsg. im Auftrage des Urania-Vereins „Wilhelm Foerster" Potsdam e.V.): 3 x Foerster. Beiträge zu Leben und Werk von Wilhelm Foerster, Friedrich Wilhelm Foerster und Karl Foerster. Milow 1995. S. 143 - 172. Hier: S. 143, 157 f. Vgl. Max, Pascal: Pädagogische und politische Kritik im Lebenswerk Friedrich Wilhelm Foersters. A.a.O., S. 186 ff.

[20] Max, Pascal: Pädagogische und politische Kritik im Lebenswerk Friedrich Wilhelm Foersters. A.a.O., S. 200, 205 ff.

derkehr des Antisemitismus – nicht nur in Deutschland, sondern auch in den Vereinigten Staaten und stellte fest, daß unverkennbar die geistigen und moralischen Kräfte der heutigen Kulturwelt den dämonischen Gewalten weniger als je gewachsen zu sein scheinen. Ich beglückwünschte ihn zu dem stillen, sonnigen Garten, auf den wir von der Veranda aus hinausblickten; er antwortete: 'Es gibt nur zu viele Tage, wo ich die Sonne gar nicht sehe, sondern nur die dunklen Schatten, die unheildrohend aus unbekannten Tiefen emporsteigen'."[21]

* * *

Sechs Jahre nach dem Ende des Zweiten Weltkrieges und zehn Jahre nach dem Zusammentreffen Foersters mit Einstein in Princeton wurde in Deutschland am 29. Juli 1951 die „Friedrich-Wilhelm-Foerster-Gesellschaft" mit Sitz in Bonn gegründet, wobei Albert Einstein und Martin Buber zu den bedeutendsten Gründungsmitgliedern zählten.[22] Die „Friedrich-Wilhelm-Foerster-Gesellschaft" setzte sich fortan für eine ideelle und materielle Wiedergutmachung Foersters ein. Wichtigste Aufgabe der Gesellschaft sollte es sein, das pädagogische und politische Lebenswerk Foersters wieder in das Bewußt-

---

[21] Paplauskas-Ramunas, Anthony: Interview mit Fr. W. Foerster. New York, USA. IN: Vierteljahrsschrift für wissenschaftliche Pädagogik. Hrsg. von Kurt Haase und Wilhelm Hansen (u.a.). 33. Jahrgang. Heft 1. Bochum 1957. S. 52 - 66. Hier: S. 52.

[22] Max, Pascal: Pädagogische und politische Kritik im Lebenswerk Friedrich Wilhelm Foersters. A.a.O., S. 217 f. Den Vorsitz der Friedrich-Wilhelm-Foerster-Gesellschaft übernahm Ministerialrat a. D. Prof. Joseph Antz, der im Jahre 1933 sein Professoren-Lehramt verloren hatte, weil er sich zu den pädagogischen Ideen Foersters bekannte. Der Gesellschaft gehörten u. a. folgende Mitglieder an: Walter Dirks (Mitherausgeber der Frankfurter Hefte), Emil Figge (Rektor der Pädagogischen Akademie Dortmund), Wilhelm Flitner (Universität Hamburg), Oskar Hammelsbeck (Rektor der Pädagogischen Akademie Wuppertal), Frans de Hovre (Herausgeber der Vlaamsch Opvoedkundig Tijdschrift, Gentbrugge), Johannes Messner (Universität Wien), Komao Murakami (Tokio), Franz Pöggeler (Hamburg), Friedrich Schneider (Herausgeber der Internationalen Zeitschrift für Erziehungswissenschaft, Salzburg), Reinhold Schneider (Schriftsteller, Freiburg i. Br.), Hans Schwann (Schriftsteller, Dieulefit / Dep. La Drôme) und Erich Weniger (Universität Göttingen).

sein der Öffentlichkeit zu tragen.[23] Im Verlauf des Jahres 1951 schlug Albert Einstein als Mitglied der Gesellschaft Foerster in Oslo für den Friedensnobelpreis vor. In seiner Begründung führte er folgendes aus: „Es mag schwer sein, Menschen zu finden, die tatsächlich erfolgreich im Bemühen um die Sicherung des Friedens waren."[24] Einstein stellte fest, Foerster gehöre zu den wenigen Persönlichkeiten, die sich unter großem Einsatz dem Ziel der Friedenssicherung verpflichtet gefühlt hätten. Ein Kernpunkt des publizistischen Wirkens Friedrich Wilhelm Foersters sei die Aufdeckung der Gefahren des „Preußischen Militarismus" gewesen.[25]

* * *

---

[23] Die Friedrich-Wilhelm-Foerster-Gesellschaft unterstützte in den 50er und 60er Jahren sowohl die Neuauflage der wichtigsten Werke Foersters als auch die Publikation gänzlich neuer Schriften: Vgl. Foerster, Friedrich Wilhelm: Christus und das menschliche Leben. Recklinghausen ²1951, ³1953. Ders.: Sexualethik und Sexualpädagogik. Eine neue Begründung alter Wahrheiten. Mit einem Geleitwort des Weihbischofs von New York, Monsignore Fulton J. Sheen. Recklinghausen ⁶1952. Ders.: Schule und Charakter. Moralpädagogische Probleme des Schullebens. Recklinghausen ¹⁵1953. Ders.: Lebenskunde. Ein Buch für Knaben und Mädchen. Mainz 1953, 1958. Ders.: Lebensführung. Ein Buch für junge Menschen. Mainz 1954, 1961. Ders.: Politische Ethik. Recklinghausen ⁴1956. Ders.: Politische Erziehung. Mit einem Nachwort von Franz Pöggeler. Freiburg i. Br., Basel, Wien 1959, ²1964 (= Schriften des Willmann-Instituts Freiburg, Wien). Ders.: Die Hauptaufgaben der Erziehung. Freiburg i. Br., Basel, Wien 1959, ²1960, ³1963 (= Schriften des Willmann-Instituts Freiburg, Wien). Ders.: Jugendlehre. Mainz ⁶1959. Ders.: Moderne Jugend und christliche Religion. Psychologische und pädagogische Gesichtspunkte. Freiburg i. Br., Basel, Wien 1960 (= Schriften des Willmann-Instituts Freiburg, München, Wien). Ders.: Deutsche Geschichte und politische Ethik. Nürnberg 1961. Ders.: Schuld und Sühne. Grundfragen des Verbrecherproblems und der Jugendfürsorge. Mit einem Geleitwort von Friedrich Hackauf und einem Nachwort von Franz Pöggeler. Trier ⁴1961. Ders.: Angewandte Religion oder Christsein inmitten der gegenwärtigen Welt. Freiburg i. Br., Basel, Wien 1961, ²1962.

[24] Pais, Abraham: „Raffiniert ist der Herrgott ...": Albert Einstein. Eine wissenschaftliche Biographie. Übersetzt von Roman U. Sexl, Helmut Kühnelt und Ernst Streeruwitz. Braunschweig, Wiesbaden 1986. S. 520.

[25] Ebd., S. 520.

Anläßlich der geplanten Veröffentlichung seiner Einstein-Biographie bat Carl Seelig im Jahre 1953 Foerster um eine Stellungnahme zum Wirken Albert Einsteins.* Foerster verfaßte in New York am 3. April 1953 einen Brief an Seelig, der im Anhang die folgende Beurteilung Einsteins enthielt:

> „Der Herausgeber dieses Buches hat mich eingeladen, einige Worte ueber meine Erinnerungen an Albert Einstein niederzuschreiben, was ich als eine besondere Freude und Ehre betrachte und hiermit ausfuehren will.
> Alle jene Erinnerungen vereinigen sich in dem Eindruck, dass Albert Einstein einer jener ganz seltenen wissenschaftlichen Fuehrer ist, der sich stets klar bewusst war, dass die Moeglichkeit und das Recht der freien wissenschaftlichen Forschung ganz untrennbar mit dem Triumph des Menschenrechtes, der Freiheit und der Wahrhaftigkeit in der gesellschaftlichen Entwicklung der Menschheit verknuepft ist. Darum hat keine drohende Gefahr ihn je davon abgehalten, mit seinem Namen und seinem persoenlichen Bekenntnis ueberall dort zur Stelle zu sein, wo jene menschlichen Kulturerrungenschaften verteidigt werden mussten.
> Ich lernte den tapferen Bekenner nach dem ersten Weltkriege im Hause Hellmut von Gerlachs+ kennen und begegnete seit-

---

* Seelig, Carl: Albert Einstein. Eine dokumentarische Biographie. A.a.O.

+ Der Publizist und Politiker Hellmut von Gerlach (1866 - 1935) stammte aus einer preußischen Junker-Familie und war als junger Mann ein dezidierter Antisemit; in späteren Jahren vollzog er eine Abkehr vom Antisemitismus. Gerlach schloß sich der christlich-sozialen Bewegung an. Zusammen mit Friedrich Naumann und anderen gehörte er im Jahre 1896 zu den Gründern des „Nationalsozialen Vereins“, für den er von 1903 bis 1906 Abgeordneter im Reichstag war. 1908 gründete Gerlach zusammen mit Rudolf Breitscheid die „Demokratische Vereinigung“. Während des Ersten Weltkrieges profilierte sich Gerlach als Anhänger pazifistischer Ideen. Von November 1918 bis März 1919 war Gerlach als Unterstaatssekretär im preußischen Innenministerium tätig. Seine pazifistischen Ansichten bekannte Gerlach auch in der Öffentlichkeit, insbesondere als Chefredakteur der Zeitung „Die Welt am Montag“ (1901 - 1933). In der Weimarer Republik bekämpfte er den wiederaufkommenden Militarismus. Gerlach war Mitglied der „Deutschen Friedensgesellschaft“

dem immer wieder seinem Namen, wo der Theoretiker der Relativitaet auf kosmischem Gebiete sich verpflichtet sah, auf politischem Gebiete die absoluten moralischen Werte furchtlos in Schutz zu nehmen. Aber er verhehlte sich niemals, wie ueberaus schwer der Kampf war, den wir gegen daemonische Gewalten ohne ausreichende Hilfe zu fuehren hatten. Als ich ihn im Jahre 1941 an einem schoenen Herbsttage in seinem Hause in Princeton besuchte, wo man durch die offene Balkontuere auf den sonnenbeglaenzten Herbstgarten blickte, da beglueckwuenschte ich ihn, dass er hier endlich einen sicheren Hafen gefunden habe. Er aber blickte mich schwermuetig an und sagte: 'Wer weiss, wie lange noch. Ich sehe neue dunkle Zeiten heraufkommen, die Barbarei ist noch weit davon, ueberwunden zu sein.' In unseren Ueberzeugungen betreffend die moralischen Bedingungen eines wirklichen Friedenszustandes stimmten wir voellig ueberein. – Als er sich einmal ueber die furchtbaren Moeglichkeiten eines Atomkrieges oeffentlich ausgesprochen hatte, schrieb ich ihm, dass ich nicht daran glaubte, eine internationale Atomkontrolle koenne diesen Gefahren vorbeugen, inmitten des gegenwaertigen internationalen Geisteszustandes wuerde sich kein Volk dazu verstehen, einem internationalen Delegierten ehrlich den wirklichen Stand seines Atompotentials kund zu geben. Keine Entwaffnung inmitten des heutigen Misstrauens aller gegen alle koenne den ersehnten Frieden einleiten. Zuerst muesse der Friede da sein, dann kommt die Entwaffnung ganz von selber, d. h.: zuerst muesse man auf jeder Seite den Schwierigkeiten und den wesentlichen Interessen des Gegners ehrlich gerecht werden und dann opferwillig den Versuch eines Ausgleiches machen, was aber nicht moeglich sei, wenn jeder der Streitenden sich selbst als die alleinige

und Vorsitzender der „Deutschen Liga für Menschenrechte". Im Jahre 1933 emigrierte er zunächst nach Österreich, dann nach Frankreich. Gerlach verstarb 1935 in seinem Pariser Exil. Vgl. Schulte, Franz Gerrit: Der Publizist Hellmut von Gerlach (1866 - 1935). Welt und Werk eines Demokraten und Pazifisten. München, New York, London, Paris 1988.

> Quelle des Rechtes und der Wahrheit betrachte. Hierauf schrieb mir Einstein seine restlose Zustimmung und fand es dringend noetig, dass solche Deutungen der jetzigen internationalen Schwierigkeiten in die Weite getragen wuerden. Ich moege mich durch nichts entmutigen lassen, in meiner Arbeit fortzufahren.
> Ich wuensche Albert Einstein, dass seine dunklen Ahnungen grundlos sein moechten und dass ihm noch eine lange Zeit zur Vollendung seiner unschaetzbaren Lebensarbeit beschieden sein moege."[26]

Zwei Jahre nach dieser Beurteilung Einsteins durch Foerster verstarb Albert Einstein am 18. April 1955 in Princeton.[27] Friedrich Wilhelm Foerster kehrte erst im Jahre 1963 aus seiner Emigration in den USA in die Schweiz zurück. Seine letzten Lebensjahre verbrachte er in einem Sanatorium in Kilchberg (Kanton Zürich), wo er am 9. Januar 1966 im Alter von 96 Jahren starb.[28] Die weltweit bekannte amerikanische Zeitung „New York Times" würdigte in ihrer Ausgabe vom 24. Januar 1966 den Lebensgang Foersters in einem kleinen Gedenkartikel, der den folgenden Inhalt hatte:

---

[26] Wissenschaftshistorische Sammlungen (WHS) der Hauptbibliothek der Eidgenössischen Technischen Hochschule Zürich: Briefe Friedrich Wilhelm Foersters an den Einstein-Biographen Carl Seelig. Signatur: Hs. 304: 634 - 635.

- Friedrich Wilhelm Foerster an Carl Seelig. New York, 3. April 1953. Maschinengeschriebener Brief (eine Seite). Als Anlage enthält der Brief die zitierte Beurteilung Einsteins durch Foerster (zwei maschinengeschriebene Seiten). Signatur: Hs. 304: 634.
  Der Herausgeber dankt Frau Dr. Yvonne Voegeli (Leiterin der Wissenschaftshistorischen Sammlungen der ETH-Bibliothek Zürich) für die zur Verfügung gestellte Kopie des Briefes.

Die Beurteilung Einsteins durch Friedrich Wilhelm Foerster ist ausschnittweise auch in der Einstein-Biographie von Seelig wiedergegeben: Vgl. Seelig, Carl: Albert Einstein. Eine dokumentarische Biographie. A.a.O., S. 236 f.

[27] Laue, Max von: Albert Einstein. 1879 - 1955. A.a.O., S. 386.

[28] Max, Pascal: Pädagogische und politische Kritik im Lebenswerk Friedrich Wilhelm Foersters. A.a.O., S. 245 - 249.

„Prof. Friedrich Wilhelm Foerster, German-born educator, philosopher and author, died Jan. 9 in a sanitarium at Kilchberg near Zürich. He was 96 years old. Dr. Foerster was a lifelong opponent of Prussian-German nationalism and militarism. His numerous books attacking these legacies of the Bismarck era incurred the hostility of successive German ruling groups from the Second to the Third Reich and caused him to flee his native land.“[29]

* * *

[29] Artikel: Friedrich W. Foerster. IN: The New York Times (international). Vol. 115 (No. 39, 447). January 24, 1966. New York 1966. P. 8.

2. Der Briefwechsel zwischen Friedrich Wilhelm Foerster und Albert Einstein von 1935 bis 1954

2.1 Brief Friedrich Wilhelm Foersters an Albert Einstein. Paris, 10. September 1935.[30]

Prof. F. W. Foerster
3 village Suisse
Paris-Plage
près Boulogne-sur-Mer

Paris-Plage, 10 - 9 - 35

Sehr verehrter Herr College!

Unser gemeinsamer Freund von Gerlach riet mir noch kurz vor seinem Tode mich in der folgenden Angelegenheit an Sie zu wenden, was ich um so lieber tue, als mir dadurch eine Gelegenheit gegeben wird, in dieser Schicksalsstunde Europas, ja der ganzen Welt, eine Beziehung zu Ihnen zu suchen, woraus sich für später vielleicht dies oder jenes entwickeln könnte. Es handelt sich um folgendes:
Sie wissen mindestens so gut wie ich, in welchem Masstabe und mit welchem Erfolge die deutsche Propaganda in der ganzen Welt arbeitet und wie lächerlich wenig systematische und sachkundige Gegenwirkung dagegen organisiert worden ist. Und doch ist diese Propaganda nicht nur eine ideelle Angelegenheit, nein, sie dient überall dazu, für den politischen und schliesslich militärischen Vorstoss des dritten Reiches die Bresche zu schlagen, die Gegner zu spalten oder einzuschläfern und die ganze Grösse der Gefahr, die vom dritten Reiche her der Zivilisation droht, mit bewundernswerter Ge-

---

[30] Albert-Einstein-Archive der Jüdischen National- und Universitätsbibliothek der Hebräischen Universität Jerusalem (Israel):
- Friedrich Wilhelm Foerster an Albert Einstein. Paris, 10. September 1935. Maschinengeschriebener Brief auf sieben Seiten und eine handschriftliche Seite als Ergänzung. Signatur: 4°1576 – 49 617.

schicklichkeit zu verhüllen. Schon der alte Moltke sagte: „Man muss den Gegner durch die Propaganda lahm legen und dann niederschlagen."
In neuester Zeit arbeitet diese Propaganda wieder mit ungeheuren Mitteln in England, in Oesterreich, Böhmen, Mähren und Jugoslawien. Was England betrifft, so werden mit Erfolg besonders gebildete jüngere und ältere Deutsche für Wochen nach England gesandt, um dort vor allem in kirchlichen Kreisen ein völlig erlogenes Bild von den wirklichen deutschen Zuständen zu verbreiten. Als ich in London war, erzählte mir Lord Tyrrell* Erstaunliches von den Erfolgen dieser Arbeit und riet mir, bestimmte Kreise planmässig zu desinfizieren. Dabei stellte ich fest, in welchem Grade auch die Kreise der Labour party in solcher Weise bearbeitet wurden, und zwar so, dass später von Deutschland her Flugblätter und Broschüren in tadellosem Englisch an ausgewählte Adressen gesandt werden und dort ihre Wirkung tun. In der Diskussion, die einem Vortrag folgte, den ich im Royal Institut in London hielt, begegnete ich all den mir wohlbekannten Clichées. Im Anfang Sommer war Lady Milner, die Witwe des früheren Gouverneurs von Südafrika, bei mir und riet mir, jetzt einige Wochen nach London zu gehen und die dringend nötige Aufklärungsarbeit zu leisten. Ich musste ihr sagen: „Mylady, die Nazis haben meine Bücher boykottiert, meine Vermögensreserven beschlagnahmt, ich habe einfach nicht das nötige Geld, um mir diesen Aufenthalt zu leisten." Aber es handelt sich nicht nur um Reisegeld. Es handelt sich um Mitarbeiter, Schreibhilfe und alles andere, was nötig ist, um den Kreisen, auf die man eingewirkt hat, das nötige Gegenmaterial zu hinterlassen und sie fortgesetzt weiter zu versorgen, damit sie gewappnet sind und ihrerseits die Gegenpropaganda fortführen können. Das Einzige, was ich bisher mit Rennie Smith machen konnte, war die Broschürensammlung, die Sie kennen, in der Nr. 2, 5 und 6 von mir und meinen Mitarbeitern stammen. Ich habe z. B. von besonders sachkundigen Mitarbeitern fortlaufende ausgezeichnete Exposés über die Tendenzen der deutschen Wirtschaft zum Abgrund hin, mit denen ich grossen Eindruck bei den Herren der British Oversea Bank und in Oester-

---

* William George Tyrrell (1866 - 1947), englischer Diplomat, war von 1925 bis 1928 Unterstaatssekretär im Außenministerium in London und von 1928 bis 1934 Britischer Botschafter in Paris. [Anm. des Hrsg.]

reich machte, selbst bei bisherigen Freunden des Anschlusses, – auch hier fehlen mir aber leider die Mittel, nicht nur um den Radius der Verbreitung durch gute Verfielfältigung zu erweitern, sondern auch nur im bisherigen Tempo fotzuführen.

Damit komme ich auf die Aufgabe in Oesterreich. Bitte lesen Sie inliegende Kopie eines Briefes, den mir im Frühjahr der oesterreichische Bundeskanzler schrieb, um mir die ganze Schwierigkeit zu zeigen, die gegenwärtige Generation, die ausserhalb jeder eigentlich oesterreichischen Ideologie aufgewachsen ist, gegen die Hitler-Ideologie immun zu machen. Gleichzeitig wandte sich eine Reihe meiner oesterreichischen Schüler und Collegen (ich war vor dem Kriege ein Jahr lang Professor an der Universität Wien) – ferner auch ein Oberst der alten oesterreichischen Armee, von dem die inliegende Kopie Nr. II stammt (die ich an Laval* und Herriot+ weiterleitete) – mit der Bitte an mich, doch alles zu tun, um Fonds für eine von mir zu leitende Gegenpropaganda gegen die Hitler-Agitation zu organisieren. Ich habe meine letzten Reserven geopfert, um einen meiner besten und intelligentesten Schüler nach Salzburg zu bringen, damit er von dort aus, in engster Verbindung mit mir, alles in die Wege leite; ich bin jetzt dabei, zwei Broschüren zu schreiben, die in grossem Stile verbreitet werden „sollten" – – doch es fehlt das Geld. Das ist aber in diesem Falle besonders tragisch, denn das Schicksal Europas wird in Wien gespielt. Hitlers ganze Taktik ist jetzt auf die Erobe-

---

* Pierre Laval (1883 - 1945), französischer Ministerpräsident in den Jahren 1931/32 und 1935/36. Nach der Niederlage Frankreichs im Zweiten Weltkrieg wurde Laval im Kabinett des Vichy-Regimes von Marschall Philippe Pétain zum stellvertretenden Ministerpräsident ernannt. Laval setzte die deutsche Besatzungspolitik um, u. a. tolerierte er die Deportation von Juden und Zwangsarbeitern aus Frankreich. 1942 wurde Laval auf Druck Hitlers zum Ministerpräsidenten ernannt. Nach dem Zweiten Weltkrieg wurde Laval wegen Kollaboration mit Deutschland zum Tode verurteilt. [Anm. des Hrsg.]

+ Édouard Herriot (1872 - 1957), Mitglied und Präsident der Radikalsozialistischen Partei Frankreichs, französischer Ministerpräsident und Außenminister in den Jahren 1924/25, zwischen 1926 und 1936 wiederholt Minister, 1936 bis 1940 Präsident der Deputiertenkammer. In den Jahren 1944/45 befand sich Herriot in deutscher Haft. Von 1947 bis 1954 war er Präsident der Nationalversammlung. [Anm. des Hrsg.]

rung Oesterreichs von innen her gerichtet; es wäre sehr Wirksames dagegen zu machen, die Gegenkräfte sind vorhanden – aber entmutigend für alle ist der Mangel an Munition, der sich bei der einfachsten Gegenaktion fühlbar macht.
Zu dieser Aktion gehört nun auch die richtige Information des Westens über Oesterreich, im Sinne von Nr. II; mit Recht schrieb mir Lord Tyrrell: „Here they understand not yet that Vienna is actually the nerv centre of Europe, if not the world.“ Aber auch für all solche Information, da ich stets eine weiter tragende Interpretation hinzufüge, braucht es technische Hilfen, gute Uebersetzung, Verfielfältigung etc., ich habe aber heute nicht einmal das Geld, mir einen Sekretär zu halten.
Ich war neulich in der jugoslawischen Gesandtschaft, wo ich einige für Jugoslawien wichtige Informationen gab. Man sagte mir: „Sie haben keinen Begriff, wie dankbar wir dafür sind – bei uns wird alles von deutschen Memoranden, Broschüren, Sendboten überschwemmt.“
Ich würde gern auch an massgebende Kreise in Amerika gute Informationen senden – wenn ich nur erst einmal in der Lage bin, einen „service“ einzurichten. Ich darf wohl sagen, dass ich einen grossen Anteil an der rechtzeitigen Aufklärung massgebender britischer Kreise über den Grad der deutschen Aufrüstung habe; was Winston Churchill in seiner grossen Parlamentsrede über das deutsche potentiel de guerre sagte, stützte sich fast wörtlich auf ein Exposé eines meiner militärischen Mitarbeiter. Ich habe vor einem Jahre durch Vermittlung der Duchess of Atholl einige sehr eingreifende Unterhaltungen mit Freunden Baldwins* gehabt, dann auch in der City; ich würde dies gern im Oktober fortsetzen, wie gesagt aber fehlen mir zur Zeit dafür die nötigen Fonds.
Ich hätte mich in dieser Sache gewiss schon lange an amerikanische Kreise gewandt, wenn ich nicht zu genau gewusst hätte, wie wenig Interesse diese

---

* Stanley Baldwin (1867 - 1947), britischer konservativer Politiker und Industrieller, war in den Jahren 1921/22 Handelsminister und 1922/23 Schatzkanzler. Von 1923 bis 1937 war Baldwin Vorsitzender der Konservativen Partei. In den Jahren 1923, 1924 bis 1929 und 1935 bis 1937 war er britischer Premierminister, von 1931 bis 1935 stellvertretender Premierminister. [Anm. des Hrsg.]

Kreise heute an Europa, geschweige denn an Oesterreich etc. haben. Ich habe mich jetzt aber doch entschlossen, um Ihre autoritative Vermittlung zu bitten, und zwar auf Grund der neuesten besonders bedrohlichen Entwicklung der Dinge, die Amerika doch nicht gleichgültig lassen kann – wenigstens dasjenige Amerika nicht, das weiter sieht und das fähig ist, sich auszumalen, welche Konsequenzen es auch für Asien und damit auch für Amerika haben würde, wenn der deutsche Block von Hamburg bis Triest sich verwirklicht und das also vergrösserte Reich dann seine Eroberungs- und Hegemonie-Politik nach dem Osten und Südosten hin beginnt und sich die Ostsphären mit Japan teilt und eines Tages dann auch mit der amerikanischen Weltpolitik zusammenprallen muss. Gewiss noch ferne Dinge – die aber heute und morgen beginnen und denen nur heute und morgen noch durch Verhinderung ihrer Grundlegung vorgebeugt werden kann.
Ich bitte Sie, zu dem was ich hier sage, Anlage III* zu lesen. Dieser Artikel stammt von einem überaus gründlichen Kenner der deutschen Realitäten. Ich unterschreibe jedes Wort. Er ist optimistisch genug, schliesslich doch die Hoffnung auszusprechen, dass der grosse Coup nicht verhindert werden kann, wenn den Banditen in Berlin angesichts einer europäischen Einheitsfront doch schliesslich das Risiko zu gross erscheint. Ich füge hinzu: Und wenn es gelingt, die Okkupation Oesterreichs, der die Annexion Böhmens auf dem Fusse folgen würde, zu verhindern. Ich unterstreiche aber dreimal dieses „wenn", und ich sage mit grösstem Nachdruck: Nicht nur setzt die Schaffung und Erhaltung dieser Einheitsfront eine höchst wichtige und sachkundige Aufklärung der öffentlichen Meinung der bedrohten Völker voraus, sondern die von mir empfohlene ideelle Gegenwirkung gegen die Hitlerei ist überhaupt die unentbehrliche Ergänzung der militärisch-politischen Gegenwirkung. Als ich dem General von Schönaich, der übrigens auf einige Wochen aus Deutschland heraus konnte, die Frage stellte, ob er glaube, dass man eine neue Katastrophe noch verhindern könne, sagte er: „Das ist nur eine Geldfrage." Das klingt sehr materialistisch, ist aber absolut wahr. Es

* Die oben erwähnte Anlage III ist nicht im Bestand der in den Albert-Einstein-Archiven archivierten Briefe Friedrich Wilhelm Foersters an Albert Einstein enthalten. [Anm. des Hrsg.]

handelt sich nicht darum, Geist durch Geld zu ersetzen, sondern die richtigen Informationen, Erkenntnisse, Ideen mit technischen und organisatorischen Mitteln zu voller Auswertung und Geltung zu bringen. Und es ist auch absolut wahr, dass heute überall so viel Gegenkräfte gegen den Wahnsinn wach geworden sind, (auch in Oesterreich), dass eine kleine wohldotierte Gruppe heute mit reichlichem Literaturmaterial Entscheidendes leisten kann, um die Wage im positiven Sinne zum Ausschlag zu bringen.
Rockefeller und Carnegie kommen nach all meinen Erfahrungen für solche Finanzierung nicht mehr in Frage. Ich sehe nur zwei Möglichkeiten: Ich habe eine sehr hohe Meinung vom Weitblick und von der Einsicht des Präsidenten Roosevelt. Ich glaube darum, dass er einem aussergewöhnlichen Appell in einer ganz aussergewöhnlichen Situation offen steht und dass er vielleicht begreift, was hier auf dem Spiele steht und mir zunächst das sofort Nötige aus seiner Privatschatulle und dann, durch Appell an nächste Helfer seines Werkes, den Rest der vorgeschlagenen Summe zur Verfügung stellt. Das Minimum, um etwas zu machen, das nicht einfach ins Meer geworfen wäre, sondern in den kommenden grossen politischen Entscheidungen ernstlich zur Geltung kommen würde, wären 2 Millionen französische Frank. Weniger käme nur dann in Frage, wenn gute Aussicht auf baldige Ergänzung wäre. Wenn dies der Fall ist, helfen mir schon 500.000 Frs., um zu beginnen – es ist sehr eilig, denn jede verlorene Woche vermindert die Chancen. Darum nehme ich mir auch die Freiheit, im Interesse all meiner Dispositionen, Sie zu bitten, sehr verehrter Herr College, falls Sie Erfolg haben sollten, mir die betreffende Summe per Kabel zu nennen und einen Teil ev. schon per Kabel an mein Conto „National City Bank“ Paris, Champs Elysées, übermitteln zu lassen (auf meine Kosten). Selbstverständlich bin ich bereit, nach etwa einem halben Jahr über Verwendung der Fonds genau Rechnung abzulegen.
Falls der Präsident selber nicht in Frage kommt, bestünde Ihrer Meinung dann die Möglichkeit, dass Felix Warburg* das Nötige beschaffte? Ich weiss allerdings, dass die beiden Herrn Warburg sehr in der palästinensischen Arbeit engagiert sind. Aber gerade das ist für mich hoffnungsvoll, und zwar aus folgendem Grunde: Ich hatte in den letzten Tagen Besuch von einem Gesin-

* Felix Moritz Warburg (1871 - 1937) war Bankier. [Anm. des Hrsg.]

nungsgenossen aus Deutschland, der viel Gelegenheit hatte, die intimeren Reden nationalsozialistischer Matadoren anzuhören. Was er mir berichtete, stimmte genau mit dem [*überein*; Ergänzung des Hrsg.], was kürzlich ein holländischer Journalist in Budapest gehört hatte: Die Kolonialfrage ist wieder obenauf, aber nicht in der Richtung Afrika, sondern nach Kleinasien hin. Berlin - Bagdad ist wieder Schlagwort, und man sagt: „Schmeisst alle Juden hinaus, die sollen uns nur in Palästina das Land bewässern, dann kommen wir und werfen sie auch dort hinaus." Sollte je Deutschland doch triumphieren, so können Sie sicher sein, dass es auch um die jüdische Kolonisation und Palästina und Syrien geschehen ist. Wer nicht intim über Mass und Tempo der deutschen Kriegsvorbereitung informiert ist, der lacht vielleicht über solche Drohungen, wer aber darüber so Bescheid weiss, wie z. B. der Verfasser des Artikels III, der weiss, dass die Drohung mehr als ernst zu nehmen ist, wenn es nicht gelingt, die Widerstände gegen den deutschen Tollrausch verbunden mit der deutschen Zerstörungstechnik rechtzeitig mit allen Kräften zu inspirieren und zu organisieren – ganz abgesehen einmal davon, dass allein schon eine neue Verheerung Europas auch die überlegene Verteidigung jener Kolonisation gegenüber den Gefahren verhindern würde, die aus der Eingeborenenbewegung und deren nationalistischer Bewegung entstehen könnte. Kurz – so wenig wie England kann im Letzten auch Amerika den gegenwärtigen europäischen Entscheidungen gegenüber gleichgültig bleiben, denn die Auswirkung dieser Entscheidungen wird weit über Europa hinausgreifen.

Das abessinische Abenteuer Italiens aber ist leider eine neue Chance für die deutsche Verschwörung gegen Europa . . .

Ich trage mich mit der Hoffnung, dass ich, wenn einmal von Amerika aus meine Aktion auf festen Boden gestellt ist, es mir allmählich gelingen werde – was heute noch unmöglich ist – Beiträge aus Europa zu erhalten und immer weitere Aufgabenkreise in Angriff zu nehmen. Dazu würde auch die Bereitstellung einer umfangreichen Aufklärungsliteratur für den Moment gehören, wo in Deutschland das Regime stürzt (meine Freunde erwarten ihn wegen des rapiden Rohstoffmangels für den Anfang des nächsten Jahres) und wo infolge der dann nicht zu verhindernden Wiederherstellung der Press-Freiheit die aufklärende Einwirkung auf das deutsche Volk eine Aufgabe von weltgeschichtlicher Grösse werden würde, an der das gesamte hitlerfeindliche Auslandsdeutschtum teilnehmen müsste und die heute schon vorbereitet werden sollte. Sie sehen also, sehr verehrter Herr College, was zu tun ist und warum das alles Amerika, ja selbst das amerikanische Judentum, so weit es palästinensisch denkt und arbeitet, weit mehr angeht, als es heute scheinen mag.

Mit dem Ausdruck aufrichtiger Hochschätzung
der Ihrige

Fr. W. Foerster

P.S.: Ich würde gern einmal einige Vorträge in Amerika über Europa und die deutsche Frage halten, habe aber bisher keine Einladung erhalten, da man sich bisher nicht mit so radikalen Feinden des gegenwärtigen Deutschland, wie ich es bin, kompromittieren wollte; vielleicht ist das jetzt anders geworden.

Noch eine kleine, besonders persönliche Nachschrift:*

1) Ich möchte noch betonen, dass meine ganze Aktion, auch wenn ich sie Gegenpropaganda nenne, dennoch in keiner Weise die Goebbelschen Methoden nachzuahmen sucht. Sie ist vielmehr eine sehr persönliche, die sich auf die Elite der Elite und auf bestimmte Personen richtet, die meinem Eindruck nach schon irgendwie vorbereitet auf meine Einwirkungen sind, denen aber die letzten Aufklärungen und Dokumentierungen noch fehlen, die sie befähigen, selber Ausgangspunkte der Gegenwirkung zu werden. Ich habe diese Methode hier und in London erprobt.
2) Was ich von der Möglichkeit sage, eine ganz direkte Hilfe vom Präsidenten R. [= *Roosevelt;* Anm. des Hrsg.] zu gewinnen, stützt sich teils auf die Intuition, die ich von seinem Charakter habe, teils auf eine ähnliche Erfahrung. Ich weiss gewiss, dass das gewöhnliche Staatsoberhaupt solche Unterstützung einer Aktion, die gegen massgebende Kreise eines anderen Landes gerichtet ist, als „impossible" und als eine allen Traditionen entgegengesetzte Preisgabe der üblichen Reserve eines hochverantwortlichen Mannes betrachten würde. Roosevelt aber ist ein ungewöhnliches Oberhaupt, und er wird aussergewöhnliche weltpolitische Situationen und Notwendigkeiten hellsichtig verstehen. Ich teile Ihnen hier sehr im Vertrauen mit, dass Masaryk+, der als Präsident die staatsmännische Korrektheit selber war, mir einige Jahre lang eine sehr ansehnliche Summe für meine Aktion gegen den deutschen Militarismus zur Verfügung gestellt hat.
3) Ich schreibe zur Zeit eine umfangreiche Broschüre über Oesterreich und die deutsche Frage. Darin will ich mich auch mit der grössten Entschiedenheit gegen die deutsche Judenverfolgung aussprechen, in einem prinzipiellen Kapitel, das sich an die oesterreichischen Christen richtet. Vielleicht interessieren sich jüdische Kreise in Amerika dafür, dass diese Broschüre in grösstem Masstabe vertrieben wird. Denn es besteht Ge-

---

* Hierbei handelt es sich um eine handschriftliche Ergänzung. [Anm. des Hrsg.]

+ Thomáš Garrigue Masaryk (1850 - 1937), erster Staatspräsident der Tschechoslowakischen Republik von 1918 bis 1935. [Anm. des Hrsg.]

fahr, dass eines Tages in Oesterreich ähnliches passiert wie in Deutschland. Dann käme es nicht wenig [*darauf*; Ergänzung des Hrsg.] an, alle besseren Kräfte mobil [*zu*] machen!

Anlage 1 zu dem Brief Friedrich Wilhelm Foersters an Albert Einstein vom 10. September 1935:
Kopie eines Briefes des österreichischen Bundeskanzlers Kurt von Schuschnigg an Friedrich Wilhelm Foerster. Wien, 19. März 1935.[31]

Der Bundeskanzler Wien, am 19. März 1935

Sehr geehrter Herr Professor!

Mein Freund Legationsrat Dr. Wasserbäck* hat mir Ihr geschätztes Schreiben übermittelt, das mir Gelegenheit zu einigen Klarstellungen gibt. Zunächst möchte ich wiederholen, wie sehr ich Ihnen für das freundliche Interesse, das Sie um Oesterreich und sein Schicksal nehmen, verbunden bin und wie sehr ich schon aus der Kenntnis Ihrer Werke, insbesondere hinsichtlich Ihrer geschichts- und rechtsphilosophischen Gedankengänge, überzeugt bin, dass Sie das richtige Bild der oesterreichischen Idee und ihres Staatsgedankens vertreten. Ich wiederhole bei diesem Anlasse, dass ich mich ausserordentlich freute, Gelegenheit zu haben, in Paris Ihre persönliche Bekanntschaft zu machen, zumal ich aus meinen Studienzeiten her zu den unentwegten Verehrern Ihrer Lehre zählte.

Die Oesterreich-Ideologie im Lande zu verwurzeln, ist natürlich – ganz abgesehen von der Hemmungslosigkeit der nationalsozialistischen Agitation – keine ganz einfache Sache. Dies deshalb, weil in den Jahren nach dem Umsturz bis zum Jahr 1932 auf die Pflege des Oesterreich-Gedankens herzlich

---

[31] Albert-Einstein-Archive der Jüdischen National- und Universitätsbibliothek der Hebräischen Universität Jerusalem (Israel):

– Der österreichische Bundeskanzler Kurt von Schuschnigg an Friedrich Wilhelm Foerster. Wien, 19. März 1935. Maschinengeschriebener Brief, drei Seiten. Signatur: 4° 1576 – 49 618.

* Erwin Wasserbäck (1896 - 1937) war österreichischer Presse-Attaché [Anm. des Hrsg.]

wenig Gewicht gelegt wurde und einzelne Rufer in der Wüste, wie z. B. der verstorbene Bundeskanzler Seipel+, durch die politische Kräftelagerung von damals gebundene Hände hatten. Die Folge war, dass die seit jeher auch im alten Oesterreich nicht zahlenmässig, aber hinsichtlich ihrer Lautstärke beachtlichen nationalen und im letzten Grund seit je antiösterreichischen Kreise, von Deutschland her materiell und moralisch stets unterstützt, sehr stark in der Vorhand waren. Die Bewegung griff tief hinein in die Kreise der katholischen Intelligenz, die wiederum in Verbindung mit dem deutschen Zentrum und durch die verschiedensten überparteilichen Organisationen in der Pflege des Anschlussgedankens die Königsidee der Politik sahen. Während nun die alte Generation, die Oesterreich aus eigenem kannte und verstanden hat, teils abstarb, teils sich beiseite gedrängt sah, wuchs eine junge Generation heran, der man vom alten Oesterreich-Gedanken überhaupt nichts gesagt hatte und die daher auch keine innere Beziehung zum neuen Staate finden konnte. Für sie stand das Unrecht der Friedensverträge im Vordergrund des Interesses. All diese Dinge kenne ich aus eigenem Erleben und darf mich zu den ältesten Vertretern des betonten Oesterreich-Kurses im Nachkriegsösterreich zählen, zumal ich kurz nach Rückkehr aus der Kriegsgefangenschaft, zu einem Zeitpunkt, in dem ich mir noch nicht träumen liess, einmal in die Kategorie der „Pangermanisten" eingereiht zu werden, den Oesterreich-Gedanken in jeder Form öffentlich zu vertreten versuchte.
Dass für diesen Oesterreich-Gedanken das vornazistische Deutschland in der Regel ebensowenig Verständnis hatte, wie das heutige, steht mir aus verschiedenen Vorträgen zumal im Rheinland gleichfalls in persönlicher Erinnerung.
Bei dieser Sachlage war es natürlich nicht einfach, mit dem Jahre 1932 den neuen Kurs durchzusetzen. Die wirtschaftliche Situation und insbesondere die in ihren Methoden ja bekannte Agitation des Nationalsozialismus hat die Politik in Oesterreich nicht erleichtert, wie jedermann zugeben wird, der an verantwortlicher Stelle diese ganzen Jahre mitgemacht hat. Andererseits

---

+ Ignaz Seipel (1876 - 1932) war katholischer Priester und Professor für Moraltheologie an den Universitäten in Salzburg (seit 1909) und Wien (seit 1917). Von 1922 bis 1924 und von 1926 bis 1929 war er österreichischer Bundeskanzler. [Anm. des Hrsg.]

hatte die nationalistische Agitation zur Folge, dass auch die erwachten Oesterreicher sich eng zusammenschlossen und in zunehmendem Masse im positiven Sinn radikalisierten. Zwei Gefahrenmomente nach innen und aussen scheinen mir in diesem Zusammenhang beachtlich. Einmal die übertriebene Sorge, dass jedes Betonen der deutschen Volks- und Kulturzusammengehörigkeit ein Abrücken vom eindeutigen Oesterreich-Bekenntnis beinhalten könnte und andererseits wiederum, insbesondere bei den Jungen, denen Oesterreich erst in den letzten Jahren nähergebracht werden konnte, dass das starke Oesterreichbekenntnis eine Preisgabe des Deutschtums bedeuten würde. Beides ist nach meiner Grundauffassung ein Irrtum. Deutsch und österreichisch sind eben keine Gegensätze. Das österreichische Deutschtum hat vielmehr eine Aufgabe besonderer Art, die es insbesondere mit sich bringt, die national-chauvinistische Irrlehre von der alleinseligmachenden Gewalt des zentralistischen, nationalen Einheitsstaates zu bekämpfen. Darin sehe ich die geradlinige Fortsetzung der alten Oesterreich-Sendung, die seinerzeit durch das Haus Habsburg repräsentiert war. Von dieser grossen Linie kann sich meiner Ueberzeugung nach der für die Gestaltung der Dinge in Oesterreich Verantwortliche nicht abdrängen lassen, selbst auf die Gefahr hin, dass da und dort Nichtverstehenkönnen oder Nichtverstehenwollen seine Wege kreuzen. Dass dieser Oesterreich-Kurs das gerade Gegenteil der nationalistischen Ideologie ist, bedarf keines ausdrücklichen Hinweises; dass es zwischen Feuer und Wasser keine Kompromisse gibt, ist ebenso selbstverständlich. Dass solche Kompromisse in Oesterreich nicht gemacht werden, bedarf füglich nach den letzten drei Jahren unseres Kampfes und nach dem Leben und Sterben des Kanzlers Dollfuss*, dessen Mitarbeiter ich von Anbeginn seiner Regierung war, wohl keines weiteren Beweises.

---

* Engelbert Dollfuß (1892 - 1934), wurde mit Unterstützung des Christlichen Bauernbundes und der Heimwehrbewegung im Jahre 1932 österreichischer Bundeskanzler und Außenminister. Bei der Heimwehrbewegung handelte es sich um eine am italienischen Faschismus ausgerichtete politische Kampfbewegung, die sich für eine autoritäre Führung und ständische Gliederung des österreichischen Staates einsetzte (sog. Austro-Faschismus). Dollfuß wandte sich gegen die deutschen Pläne zum Anschluß Österreichs an das Deutsche Reich. 1934 scheiterte der Versuch eines Putschs in Österreich, bei dem Dollfuß erschossen wurde. [Anm. des Hrsg.]

Mit nochmaligem herzlichen Dank für Ihr freundliches Interesse und dem Wunsche, Sie vielleicht einmal in Wien begrüssen zu können, bin ich, sehr geehrter Herr Professor, in besonderer Wertschätzung

Ihr ergebener

Kurt von Schuschnigg
Bundeskanzler

Anlage 2 zu dem Brief Friedrich Wilhelm Foersters an Albert Einstein vom 10. September 1935:
Kopie eines Briefes von einem Oberst der österreichischen Armee an Friedrich Wilhelm Foerster. Salzburg, 27. August 1935.[32]

Salzburg, den 27. August 1935

Sehr geehrter Herr Professor Dr. Foerster!

Ich werde sowohl von gut unterrichteten Wiener Kreisen, wie auch von Regierungsstellen aus der Provinz (speziell Kärnten) informiert, dass die Situation sehr kritisch ist.
Die unselige, durch die Heimwehr inaugurierte Patronanz Italiens ist nicht nur höchst unpopulär, sondern hat unter der Bevölkerung, selbst in noch vor einigen Monaten gut gesinnten Kreisen, eine förmliche Erbitterung gegen die Regierung ausgelöst. Durch diese würdelose und zugleich kurzsichtige Politik der Regierung wächst der Anhang der Nazis von Tag zu Tag immer mehr. Starhemberg* geniesst in der Bevölkerung gar kein Ansehen, wie überhaupt die Heimwehr infolge ihrer Anmassung und dabei ihrer völligen Unfähigkeit, den Angenden [?] gerecht zu werden, deren Führung oder Kontrolle sie sich

---

[32] Albert-Einstein-Archive der Jüdischen National- und Universitätsbibliothek der Hebräischen Universität Jerusalem (Israel):
– Ein Oberst der österreichischen Armee an Friedrich Wilhelm Foerster. Salzburg, 27. August 1935. Maschinengeschriebener Brief, drei Seiten. Signatur: 4°1576 – 49 619. Der kopierte Brief enthält weder den Namen noch die Adresse des Obersten der österreichischen Armee.

* Ernst Rüdiger Starhemberg (1899 - 1956) war seit 1930 Bundesführer der österreichischen „Heimwehr" und Bundesinnenminister. Er unterstütze seit 1932 den Bundeskanzler Engelbert Dollfuß beim Aufbau eines autoritären Ständestaates in Österreich. In den Jahren 1934 bis 1936 war Starhemberg österreichischer Vizekanzler und Bundesführer der „Vaterländischen Front". 1938 emigrierte Starhemberg und lebte dann von 1942 bis 1955 in Südamerika. [Anm. des Hrsg.]

arrogiert, sich sowohl verhasst wie auch lächerlich macht. Wieder ein krasses Beispiel zur Illustration der Zustände: Eine mittlere Wiener Metallwarenfirma, der es nicht besonders gut ging, hat von Abessinien einen Auftrag zur Lieferung von vielen tausend Aluminiumfeldflaschen erhalten. Sie durfte diesen Auftrag nicht ausführen und musste daher die schon aufgenommenen Arbeiter wieder entlassen! Hat in der Arbeiterschaft sehr böses Blut gemacht. Unsere Regierungskutscher scheinen italienische Trinkgelder zu bekommen. Nun ergibt sich folgende groteske Situation: Die Regierung (d.h. die, die in ihr am meisten zu reden haben, das sind die vier Heimwehrminister) macht italienische Politik, die überall, speziell aber in Tirol und Kärnten, verhasst ist; die Regierungsfunktionäre, d. h. die Zentralbürokratie, macht Nazipolitik, bereitet schon langsam alles für die Gleichschaltung vor; das Heer ist verärgert, steht in scharfer Opposition zur Heimwehr, ebenso die wirklich loyalen Kreise, die völlig an die Wand gedrückt sind. Die Bevölkerung ist zerissen (Nazi und Nichtnazi), aber einig in der Ablehnung des gegenwärtigen Regierungskurses. Die loyalen Kreise sehen in der italienischen Orientierung einen schweren Fehler, da die [*der!*] voraussichtlichen schweren Engagierung Italiens in Abessinien nunmehr der erhoffte Rückhalt versagen dürfte [*versagt bleiben dürfte;* Ergänzung des Hrsg.], während die Nazi[*s*] darauf hinweisen, dass der italienische Kurs nicht nur Oesterreich in einen Krieg mit Deutschland, sondern überdies auch noch in den Bürgerkrieg hineinhetzen werde. Wie dem auch sei, eins steht fest, dass wir, wenn die Mächte, speziell Frankreich, nicht eingreifen, einem débâcle entgegengehen, da die Bevölkerung zerrissen ist, keiner der beiden Teile aber hinter der Regierung steht und die Heimwehr, die Regierung und Bevölkerung repräsentieren sollte, erstere terrorisiert und letztere immer mehr sich zum Feind macht. Der immer schon sehr schwach gewesene Sch. [= *Schuschnigg*] ist durch die Schicksalsschläge, die ihn getroffen haben (nun ist auch seine Mutter gestorben), ganz gebrochen und wird wohl nicht mehr lange bleiben.
Für den Leiter der französischen Aussenpolitik bietet sich jetzt eine grosse Gelegenheit. Wenn Laval gut beraten wäre, könnte er jetzt das Ansehen und den Einfluss Frankreichs in Mittel- und Südosteuropa neu zur Geltung bringen, Italiens Präponderanz zurückdrängen und den Frieden retten. Und zwar auf folgende Weise: der abessinische Konflikt bietet die beste Gelegenheit,

unter der Motivierung einer Rückendeckung Italiens in Europa die Donaupakte festzulegen, die infolgedessen nicht nur wirtschaftliche und kulturelle Abmachungen, sondern auch militärische Vereinbarungen beinhalten müssen. Solche Vereinbarungen bezüglich der Sicherung gegen Deutschland bestehen sowohl zwischen Frankreich und Italien, als auch zwischen Italien und Oesterreich und müssen nun auch zwischen Oesterreich und der Tschechoslowakei abgeschlossen werden. Dieses regionale Sicherungssystem muss aber vereinheitlicht werden, und zwar muss ein militärischer Vertreter der franz. Heeresleitung ständig nach Wien delegiert werden, um die Verbindung der französisch-italienischen Front mit der österr.-tschechoslovakischen herzustellen. Dieser französische General hätte nun die politische Mission, die italienische Vormachtstellung in Oesterreich nach und nach zu lockern, und zwar dadurch, dass er vom militärischen Standpunkte aus auf die infolge des Heimwehrfreischärlertums nur höchst ungenügend ausgenützte, da zersplitterte militärische Leistungsfähigkeit Oesterreichs verweist und den Einbau und das successive Aufgehen der Heimwehrformationen in das reguläre Herr fordert. Diesem Postulat eines militärischen Mitgliedes des gemeinsamen Abwehrrates könnte sich Italien nicht widersetzen. Frankreich hätte dann auch die Berechtigung, einen Mann seines Vertrauens in die österr. Heeresleitung hineinzubringen, um die Durchführung seiner Forderung gewährleistet zu sehen. Und das ist das, was wir ja anstreben, denn das weitere, Ordnung in der Regierung und Inkraftsetzen eines gesunden tragbaren Kurses, ergäbe sich dann von selbst, dafür würde schon gesorgt werden. Italien wird nicht viel aufmucken können, denn an der abessinischen Suppe wird es schwer genug zu löffeln haben.
Ich glaube, es wäre dies ein durchaus möglicher Weg, um Oesterreich und damit den Frieden in Europa zu retten. Ich hoffe, Laval wird sich dieser Erkenntnis nicht verschliessen. Es muss endlich in die Wiener Regierung jemand hineinkommen, der sowohl das Nazitum endgültig zum Schweigen bringt, als auch dem Heimwehrfaschismus das Handwerk legt und der Oesterreich auch wieder vom italienischen Joch befreit. Frankreich soll nur auf der Hut sein, l'appetit italien pourrait bien augmenter après un succès et alors on demandera la Savoie, Nice et la Corse, ... wie ja auch Malta auf der italienischen Speisekarte steht.

In aller Eile,
Ihr treuergebener, dankbarer

2.2 Brief Albert Einsteins an Friedrich Wilhelm Foerster. Old Lyme, 25. September 1935.[33]

Old Lyme, Conn., den 25. September 1935
(ab 1. Oktober: 112 Mercer Str., Princeton N. J.)

Professor
Dr. Fr. W. Foerster
3 village Suisse
Paris-Plage

Sehr geehrter Herr Foerster:

Ich weiss, wie recht Sie mit jedem Wort haben, das Sie in Ihrem Briefe über die von Hitler-Deutschland drohende Gefahr und über die Wichtigkeit einer systematischen Gegenpropaganda gesagt haben. Sie täuschen sich aber durchaus über die Möglichkeiten, in Amerika Gelder für eine solche Propaganda flüssig zu machen. Da gibt es nur ein Wort: hoffnungslos! Hier sind alle politischen Strebungen auf die Lösung der wirtschafts-politischen Probleme in Amerika gerichtet, und die übrige Welt kümmert die Amerikaner nicht ernsthaft, sondern nur als Quelle von Sensationen. Wer sich hier für internationale Politik in positivem Sinn interessiert oder gar einsetzt, ist verdächtig und gilt nicht nur als Phantast, sondern als schlechter Patriot. Was die Juden anlangt, so sind sie stets geneigt, Geld zur Linderung der momentanen Not zu geben. Für politische Aktionen kann man sie aber nicht mobil machen, zumal ihre Belastung auch hier unerträglich gross und der auf ihnen

[33] Albert-Einstein-Archive der Jüdischen National- und Universitätsbibliothek der Hebräischen Universität Jerusalem (Israel):
– Albert Einstein an Friedrich Wilhelm Foerster. Old Lyme, Conn., den 25. September 1935. Maschinengeschriebener Brief, zwei Seiten. Signatur: 4°1576 – 49 621.

lastende zusätzliche ökonomische Druck recht hart ist. So ist Warburg – ganz abgesehen von mangelndem Weitblick – bereits hoffnungslos belastet. Roosevelt ist ein ehrlicher Patriot, dem Europa so eine Art balkanisiertes Kamerun bedeutet und dessen Tatkraft völlig durch nächstliegende Sorge absorbiert ist. Seine gegenwärtige Politik ist systematisches Desinteressement Amerikas an äusseren Streitfragen verbunden mit der Ueberzeugung, dass dies sich in alle Zukunft wird durchsetzen lassen.
Nach meiner Ueberzeugung kann in Ihrer Sache nur etwas erreicht werden durch Unterstützung einer Aktion wie der Ihren durch die bedrohten europäischen Staaten: Frankreich, Belgien, Tschechoslowakei (Benesch)*, die kleine Entente und Sowjetrussland! Ich habe England nicht genannt gemäss meiner persönlichen Erfahrungen mit England. Diese Leute scheinen die Gefahr recht gering einzuschätzen, oder sie denken insgeheim, Deutschland gegen Russland ausspielen zu können. Wenn ich nicht vor den politischen Fähigkeiten der Engländer einen so infamen Respekt hätte und nur ihr Verhalten in dieser Sache kennen würde, würde ich sie direkt für blind und borniert halten. Es fehlt mir aber das Selbstvertrauen, eine solche Auffassung für diskutabel zu halten. Jedenfalls fehlt es den Engländern genau wie den Amerikanern an irgendwelcher ehrlicher Sorge um Europas Schicksal.
Zürnen Sie mir nicht wegen der pessimistischen Haltung, die ich hier einnehme. Es hat schliesslich keinen Sinn, gestützt auf unbegründete Illusionen mit hoffnungslosen Bestrebungen, Zeit zu verlieren. Was mich selber betrifft, so fehlt es mir völlig an Beziehungen zum politischen Leben. Ich kann also selbst nichts in die Wege leiten. Wohl aber kann ich Sie mit so ziemlich jedem Menschen in Verbindung bringen, von dem Sie dies wünschen, weil ich genügend bekannt bin und niemand an der Ehrlichkeit meiner Absichten zweifelt.

* Eduard Beneš (1884 - 1948) war seit 1918 Außenminister der Tschechoslowakei und wurde 1935 Nachfolger Thomáš G. Masaryks als tschechoslowakischer Staatspräsident. Beneš trat nach dem Münchner Abkommen vom 29. Sept. 1938 – welches die Abtretung des Sudetenlandes an Deutschland festlegte, ohne daß die Tschechoslowakei an den Verhandlungen teilnahm – als Staatspräsident zurück und führte von 1940 bis 1945 die Londoner Exilregierung. Nach dem Zweiten Weltkrieg war Beneš bis zum kommunistischen Staatsstreich im Jahre 1948 erneut Staatspräsident der Tschechoslowakei. [Anm. des Hrsg.]

Freundlich grüsst Sie
Ihr

Albert Einstein

Faksimile 1: **Brief Albert Einsteins an Friedrich Wilhelm Foerster. Old Lyme, 25. September 1935.**

Old Lyme, Conn. den 25. September 1935
(ab 1. Oktober : 112, Mercer Str. Princeton N.J.)

Professor
Dr. Fr. W. Foerster
3 village Suisse
Paris-Plage

Sehr geehrter Herr Foerster:

Ich weiss, wie recht Sie mit jedem Wort haben, das Sie in Ihrem Briefe über die von Hitler-Deutschland drohende Gefahr und über die Wichtigkeit einer systematischen Gegenpropaganda gesagt haben. Sie täuschen sich aber durchaus über die Möglichkeiten, in Amerika Gelder für eine solche Propaganda flüssig zu machen. Da gibt es nur ein Wort: hoffnungslos! Hier sind alle politischen Strebungen auf die Lösung der wirtschafts-politischen Probleme in Amerika gerichtet und die übrige Welt kümmert die Amerikaner nicht ernsthaft sondern nur als Quelle von Sensationen. Wer sich hier für internationale Politik in positivem Sinn interessiert oder gar einsetzt, xxx ist verdächtig und gilt nicht nur als Phantast sondern als schlechter Patriot. Was die Juden anlangt, so sind sie stets geneigt, Geld zur Linderung der momentanen Not zu geben. Für politische Aktionen kann man sie aber nicht mobil machen, zumal ihre Belastung auch hier unerträglich gross und der auf ihnen lastende zusätzliche ökonomische Druck recht hart ist. So ist Warburg - ganz abgesehen von mangelndem Weitblick - bereits hoffnungslos belastet. Roosevelt ist ein ehrlicher Patriot dem Europa so eine Art balkanisiertes Kamerun bedeutet und dessen Tatkraft völlig durch nächstliegende Sorge absorbiert ist. Seine auswärtige Politik ist systematisches Desinteressement Amerikas an äusseren Streitfragen verbunden mit der Ueberzeugung, dass dies sich in alle Zukunft wird durchsetzen lassen.

Nach meiner Ueberzeugung kann in Ihrer Sache nur etwas erreicht werden durch Unterstützung einer Aktion wie der Ihren durch die bedrohten europäischen Staaten: Frankreich, Belgien, Tschecho-Slowakei (Benesch) die kleine Entente und - Sowjetrussland! Ich habe England nicht genannt gemäss meiner persönlichen Erfahrungen mit England. Diese Leute scheinen die Gefahr recht gering einzuschätzen oder sie denken insgeheim, Deutschland gegen Russland ausspielen zu können. Wenn ich nicht vor den politischen Fähigkeiten der Engländer einen so infamen Respekt hätte und nur ihr Verhalten in dieser Sache kennen würde, würde ich sie direkt für blind und borniert halten. Es fehlt mir aber das Selbstvertrauen, eine solche Auffassung für diskutabel zu halten. Jedenfalls fehlt es den Engländern genau wie den Amerikanern an irgend welcher ehrlicher Sorge um Europas Schicksal.

Zürnen Sie mir nicht wegen der pessimistischen Haltung, die ich hier einnehme. Es hat schliesslich keinen Sinn, gestützt auf unbegründete Illusionen mit hoffnungslosen Bestrebungen Zeit zu verlieren. Was mich selber betrifft, so fehlt es mir völlig an Beziehungen zum politischen Leben. Ich kann also selbst nichts in die Wege leiten. Wohl aber kann ich Sie mit so ziemlich jedem Menschen in Verbindung bringen, von dem Sie dies wünschen, weil ich genügend bekannt bin und niemand an der Ehrlichkeit meiner Absichten zweifelt.

Freundlich grüsst Sie
Ihr

2.3 Brief Friedrich Wilhelm Foersters an Albert Einstein. Paris, 29. Januar 1936.[34]

Paris, 29-1-36.
157 rue de la Pompe

Sehr verehrter Herr Kollege,

leider komme ich erst heute dazu, Ihnen vielmals für Ihren mir höchst wertvollen Brief zu danken. Die Schwierigkeiten, ja Unmöglichkeiten, die sich der Realisierung meiner Ihnen übermittelten Vorschläge entgegenstellen, habe ich ja einigermassen vorausgesehen, wollte aber damals eine letzte Anfrage bei Ihnen nicht versäumen. Inzwischen haben sich die Dinge ja noch weit drohender entwickelt, als wir es vorausgesehen haben. Kürzlich sprach ich hier mit François-Poncet* über die ganze Lage Europas. Er sagte mir vertraulich, dass man sich natürlich nicht weigern könne, mit Hitler zu verhandeln, man wisse aber ganz genau, dass derselbe seine Ziele im Osten Europas, die mit dem Frieden der Welt unvereinbar seien und den Krieg unabwendbar auslösen würden, niemals aufgeben werde. Fr.-P. [= *François-Poncet;* Anm. des Hrsg.] war der Ansicht, dass vor der grossen Olympiade im Spätsommer wohl nichts zu fürchten sei. Ich weiss aber nicht, ob diese Olympiade nicht vielleicht ein Paravent und ein Alibi sein soll. In jedem Fall hat man [*es*] bei Hitler mit einem Besessenen zu tun, der seine Besessenheit

[34] Albert-Einstein-Archive der Jüdischen National- und Universitätsbibliothek der Hebräischen Universität Jerusalem (Israel):
- Friedrich Wilhelm Foerster an Albert Einstein. Paris, 29. Januar 1936. Maschinengeschriebener Brief, drei Seiten. Signatur: 4°1576 – 49 622.

* André François-Poncet (1887 - 1978) war von 1931 bis 1938 Botschafter Frankreichs in Berlin und von 1938 bis 1940 Botschafter in Rom. Im Jahre 1943 wurde François-Poncet von den Deutschen deportiert und war dann bis 1945 inhaftiert. Von 1949 bis 1953 war er Alliierter Hoher Kommissar Frankreichs in Deutschland, danach bis 1955 französischer Botschafter in Bonn. [Anm. des Hrsg.]

bereits auf das ganze Volk übertragen hat, sodass man nie wissen kann, ob er sich nicht bei irgendeinem aussenpolitischen Konflikt Hals über Kopf in das letzte Abenteuer stürzt. Es ist geradezu fürchterlich zu sehen, wie das deutsche Volk, das der Welt so grosse geistige Güter gegeben hat, heute nicht nur sein ganzes nationales Kapital, sondern auch seine ganze Seele in die letzte Vervollkommnung einer grauenhaften Zerstörungsmaschine geworfen hat. Es gilt hier das Wort im zweiten Teil des „Faust": „Die Menschen sind im ganzen Leben blind, Du, Fauste, werd' es nun am Ende."

François-Poncet nannte Hitler den „Wilhelm II. der kleinen Leute". Ich fügte hinzu: Und die Hitlerrevolution ist die nachgeholte Revolution von 1848, mit Benutzung aller Machtmittel derer, die jene Revolution damals niederschlugen. Wir Alle sehen voraus, dass diese Aristokratie des Dilettantismus, wie sie ein ausländischer Diplomat nannte, Deutschland dennoch so in die Enge bringen könnte, und zwar noch vor einer kriegerischen Entscheidung, dass grosse Streiks ausbrechen, bei denen der Belagerungszustand erklärt wird, was dann doch dazu führen könnte, dass die Reichswehr sich mit einem Direktorium der grossen Industrie verbindet und dass man dazu den Herzog von Braunschweig als monarchische Spitze herbeiholt. Alles wird von England abhängen. Leider sind dort immer noch grosse Strömungen, die ein[*en*] Staatsmann, der die allein durchgreifende Politik machen will, um der deutschen Gefahr mit den Mitteln zu begegnen, die ihr allein gewachsen sind, durch allerhand kurzsichtige Erwägungen lahmzulegen wissen.

Nun, bis zum Herbst wird man ja einigermassen klar sehen.

Sie haben mir in sehr freundlicher Weise eine Reihe von Einführungen angeboten. Haben Sie vielen besonderen Dank dafür. Es ist nicht ausgeschlossen, dass ich in absehbarer Zeit nicht einmal davon Gebrauch mache. Ich würde mich dann auch aufrichtig freuen, mit Ihnen über alle die oben berührten Probleme gründlich sprechen zu können.

In herzlicher Hochschätzung
Ihr ergebenster

Fr. W. Foerster

2.4 Brief Friedrich Wilhelm Foersters an Albert Einstein. Monnetier-Mornex, 13. Dezember 1936.[35]

Monnetier-Mornex,
H^te^ Savoie
France
13. 12. 36

Sehr verehrter Herr College,

in Ihrem Briefe, der vor einer Reihe von Monaten geschrieben war, haben Sie in sehr liebenswürdiger Weise Ihre Bereitschaft erklärt, mich „mit so ziemlich jedem Menschen in Verbindung zu bringen, von dem Sie dies wünschen ...“. Vielleicht werde ich bald von diesem Anerbieten Gebrauch machen, wenigstens in Bezug auf einige Personen. Es scheint, dass die Herren vom jüdischen Congress mich für einige Vorträge einladen wollen, und protestantische und katholische Kreise haben ebenfalls die Absicht. So kann es sein, dass ich Ende Februar oder etwas später nach Amerika komme. Ich habe den genannten Herren durch ihre Pariser agency beiliegende Vortragstitel angegeben zur Auswahl. (Man zieht dort politische Vorträge vor). Ich würde allerdings auch gern in anderen Kreisen des amerikanischen Judentums sprechen, wo man mehr auf die intimeren geistigen unde moralischen Probleme eingehen kann.
Wie Sie aus dem inliegendem Briefe an den Präsidenten Butler[+] ersehen, so gehen meine Pläne noch über eine blosse Vortragsreise hinaus. Ob B. [=

[35] Albert-Einstein-Archive der Jüdischen National- und Universitätsbibliothek der Hebräischen Universität Jerusalem (Israel):
– Friedrich Wilhelm Foerster an Albert Einstein. Monnetier-Mornex, 13. Dezember 1936. Handschriftlicher Brief, eine Seite. Signatur: 4°1576 – 49 625.

[+] Nicholas Murray Butler (1862 - 1947), amerikanischer Philosoph, Pädagoge und Publizist, war in den Jahren 1890 - 1945 Professor für Philosophie und Pädagogik an der Columbia-Universität in New York, von 1902 bis 1945 Präsident der Columbia-Universität und in den Jahren 1925 bis 1945 Präsident der „Carnegie Endowment for International

Butler] darauf eingeht, ist mir allerdings zweifelhaft. Wenn Sie mir in Bezug auf diese ganze Perspektive einen Rat geben können, so werde ich Ihnen sehr dankbar sein.
Meine Ansicht über die europäische Lage finden Sie in inliegendem Artikel der National Review:* Haben Sie eine Möglichkeit, denselben in die Hände Roosevelts gelangen zu lassen? Es wäre vielleicht nützlich, wenn er dieses Schlaglicht auf die Hitler-Projekte vor die Augen bekäme. Schliesslich wird der Friede doch von den beiden angelsächsischen Weltmächten abhängen.

Vielen Dank von Ihrem
herzlich ergebenen

Fr. W. Foerster

Peace". Im Jahre 1931 erhielt Butler aufgrund seines Wirkens für die Völkerverständigung gemeinsam mit Jane Addams den Friedensnobelpreis. [Anm. des Hrsg.]

* Der o. g. Artikel Friedrich Wilhelm Foersters aus der „National Review" ist nicht im Bestand der in den Albert-Einstein-Archiven archivierten Briefe Friedrich Wilhelm Foersters an Albert Einstein enthalten. Zum Inhalt des Artikels vgl.: Foerster, Friedrich Wilhelm: The Genesis of the European Crisis. IN: The National Review. London, October 1935. P. 455 - 462. [Anm. des Hrsg.]

Anlage zu dem Brief Friedrich Wilhelm Foersters an Albert Einstein vom 13. Dezember 1936:
Kopie eines Briefes von Friedrich Wilhelm Foerster an den Präsidenten der Columbia-Universität, Nicholas Murray Butler (zugleich Präsident der Carnegie-Stiftung). Monnetier-Mornex, 5. Dezember 1936.[36]

Monnetier-Mornex,
H^te^ Savoie
France
5. 12. 36

Dear Mr. President,

may I take the liberty of putting to you the following question: For many reasons I should like to leave Europe and to go – at least for a couple of years – to the United Staates, to whose pedagogical ideas and experiences I am profoundly indebted and whose people might be more disposed than those on the continent of Europe to give a sympathetic hearing to my ideas and interpretations. The state of mind which is rapidly growing in the old world is more and more in opposition to all the points of view from which I am starting. In France I can get no hearing among Educational authorities because almost all are infected partly by a shallow radicalism and partly by communist propaganda. As to the fascist countries the first article in the enclosed book of mine „Alte und Neue Erziehung"[*] has been sufficient for the blacklisting of the author. Within the borders of the third Reich all my books are forbidden.

---

[36] Albert-Einstein-Archive der Jüdischen National- und Universitätsbibliothek der Hebräischen Universität Jerusalem (Israel):
- Friedrich Wilhelm Foerster an den Präsidenten der Columbia-Universität, Nicholas Murray Butler. Monnetier-Mornex, 5. Dezember 1936. Kopie, maschinengeschriebener Brief, vier Seiten. Signatur: 4°1576 – 49 626.

[*] Foerster, Friedrich Wilhelm: Alte und neue Erziehung. Luzern 1936. [Anm. des Hrsg.]

Is there any possibility for me to have a special chair at the Columbia University for my manner of influencing the new generation of teachers? If I say „my manner“ I have in mind the tendency I followed in my courses, to associate the pedagogical teaching not only with psychology but also with those ethical, philosophical and sociological teachings that have a special connection with the responsibilities and the spiritual needs and tasks of the teacher. With that aim in view I lectured at the Universities of Viena and Munich, on Plato, Schopenhauer, Nietzsche, on the problem of democracy, on the criminal problem, on Machiavelli and political Ethics, on psychoanalysis in its pedagogical bearing (I am an adversary to almost three quarters of this modern charlatanery to which Stanley Hall said, in my opinion too much attention). I also used to select those chapters of the history of Education which are not only of historical interest but represent an eternal value, and tried to deepen the comprehension of these eternal values (I have in mind for instance the history of askesis, certain pedagogical ideas of Plato, the right of the child in Rousseaus pedagogy, the greatness and the danger in Prussian discipline etc. etc.). And when I was comparing, for instance, German, French and English Education, I tried to show not only in what sense the special gifts of every nation are linked with the whole of their national history, but in what sense every nation is dependent for her full development and for the solution of her own problems, on completing herself and widening her mind by the sympathetic understanding of the gifts and traditions of the opposite type.

In spite of the fact that I had a special call for the chair for Pedagogy at the University of Munich, I insisted on the enlarging of my „venia legendi“ so that I had the right to deal also with sociological and philosophical themes. For the kind of pedagogy I opposed to the sculless system of modern school education was only an application of my general views tending to reinforce the spiritual fundamentals of our whole civilisation.

If I therefore think of a position at your University, I should like to see myself as an outsider, enjoying a particular liberty in the choice and composition of my lectures, presenting to your students an European view on the general problems of humanity, a view not coming from a reactionary quarter but inspired by traditions and ideals which are in full harmony with the best American thought and tradition.

I believe that your generation of students would welcome what I have to say about Europe and attempt to present a synthesis of European and American views and experiences. I tried that in my book on „Guilt and expiation"* where I accepted many important American methods and practices in dealing with juvenile delinquents, but criticised at the same time some other methods which seemed to me to be too much yielding to the caprices of a dangerously indisciplined modern youth. Prof. Münsterberg+ wanted to translate that book into English, but died before he had realised his intention.

In short: I could become at an American University an interpreter of the Essentials of European traditions and in European history (I use the History of Education in that sense) – and at the same time a critic of certain tragical errors, obsessions and exclusivities, which are at the bottom of the present European difficulties and which opened my thought to American priciples, so that some of my books are directly filled with recommendations of American methods.

I have been invited to give a course of lectures in Gent on the two Frances and than on the two Germanies; the studies and observations made on these subjects would be sufficient for two University-courses on the psychology of two most interesting and most deciding historical divisions within two great

* Foerster, Friedrich Wilhelm: Schuld und Sühne. Einige psychologische und pädagogische Grundfragen des Verbrecherproblems und der Jugendfürsorge. München 1911, ^{2}1912, ^{3}1920. Vgl. auch: Ders.: Schuld und Sühne. Grundfragen des Verbrecherproblems und der Jugendfürsorge. Mit einem Geleitwort von Friedrich Hackauf und einem Nachwort von Franz Pöggeler. Trier ^{4}1961. [Anm. des Hrsg.]

+ Hugo Münsterberg (1863 - 1916), deutsch-amerikanischer Philosoph, Psychologe und Pädagoge, habilitierte sich 1888 an der Universität Freiburg i. Br. für Philosophie. Ab 1892 war er Professor für Psychologie an der Harvard Universität in Cambridge (Massachusetts). [Anm. des Hrsg.]

nations; divisions, which, in the case of Germany are only covered by the present violent fascism, but are in the essence entirely unchanged.

What I have said is indeed a very short sketch of what I have in mind but it may be sufficent for your general decisions as is the question whether it will be possible to include my course of lectures as I defined it above in your University curriculum.

I shall have still to play a part in the futur destinies of my people, but my time will not come before four or five years will have passed. In the meantime I might be of use to the new American Generation in forming its attitude towards the European tragedy concentrated in the German tragedy.

F. W. Foerster

2.5 Brief Friedrich Wilhelm Foersters an Albert Einstein. Monnetier-Mornex, 21. Februar 1938.[37]

Monnetier-Mornex,
Haute Savoie
France
21. 2. 38

Sehr verehrter Herr Kollege,

Sie haben mir vor drei Jahren, als ich Ihnen ein Projekt für eine mit amerikanischem Gelde zu finanzierende Anti-Nazi-Propaganda vorlegte, die mir durchaus einleuchtende Antwort gegeben, dass das Interesse für europäische Angelegenheiten zur Zeit so gering sei, dass man keine Hoffnung auf das Gelingen irgendeiner Werbeaktion haben könne.

Ich möchte heute angesichts der immer bedrohenderen Zustände in Europa und des wachsenden Interesses der Vereinigten Staaten, auf diese Frage zurückkommen, wenn auch mit wesentlich andern, der gegenwärtigen Lage sorgfältig angepassten Vorschlägen.

Ich habe den Eindruck aus den neuesten Pressestimmen, die aus New-York hier anlangten, dass man drüben die Bedrohung ganz Europas durch die Hitlerei sogar weit richtiger einschätzt als die europäische Presse, die die Tendenz hat, jede Alarmierung der öffentlichen Meinung zu vermeiden, damit ein europäischer Konflikt nicht in einem vorzeitigen Moment losbreche, wo die Aufrüstung der Deutschland entgegenstehenden Mächte noch nicht beendigt wäre. Es scheint mir ferner, dass der drohende Konflikt mit Japan der

---

[37] Albert-Einstein-Archive der Jüdischen National- und Universitätsbibliothek der Hebräischen Universität Jerusalem (Israel):
– Friedrich Wilhelm Foerster an Albert Einstein. Monnetier-Mornex, 21. Februar 1938. Maschinengeschriebener Brief, sechs Seiten. Signatur: 4°1576 – 53 083.

amerikanischen öffentlichen Meinung den Wunsch nahelegt, dass ein ausbrechender europäischer Konflikt, der Englands Macht dort festlegte, die Vereinigten Staaten in der ostasiatischen Frage in sehr peinliche Lage brächte und Japan in grösste Versuchung führen würde, die Interessen der übrigen Welt an der Regelung der chinesischen Frage radikal zu ignorieren.

Die Frage ist: Was kann geschehen, um jenen europäischen Konflikt hinauszuschieben? Darauf antworte ich: Hitlers Aktion gegen Wien hätte verhindert werden können – so wie auch ihren weiteren katastrophalen Auswirkungen vorgebeugt werden kann –, wenn die öffentliche Meinung der Westmächte und der leitenden Kreise rechtzeitig wirklich sachkundig informiert worden wäre. Es ist geradezu haarsträubend, wie absolut man von den Dingen überrascht wurde, die meine Freunde und ich seit Wochen genau wussten. Wir wussten auch, dass der ganze Konflikt zwischen Reichswehr und Nazis kein innenpolitischer, sondern ein aussenpolitischer Konflikt war: in dem Sinne, dass Hitler und seine Freunde genötigt waren, die Hemmnisse, die in der Wilhelmstrasse und in den massgebenden Kreisen der Reichswehr ihrem Projekte entgegenstanden, vorher zu beseitigen. Nachdem dies geschehen, wurde sofort das Ultimatum gestellt. Hitler hat Neurath* und Fritsch+ gegenüber recht behalten; die bedrohte Welt nimmt alles widerstandslos hin und wagt nicht einmal eine energische Protestaktion. Und das Schlimmste ist das offenkundige Bestreben auf Seiten der Westmächte, die ganze Aktion zu bagatellisieren, obwohl sie doch von der grössten Tragweite für Europa ist und,

---

* Konstantin Freiherr von Neurath (1873 - 1956) war von 1932 bis 1938 deutscher Reichsaußenminister und von 1938 bis 1945 Reichsminister ohne Geschäftsbereich. Von 1939 bis 1943 war er außerdem Reichsprotektor von Böhmen und Mähren. Neurath wurde 1946 im Nürnberger Prozeß gegen die Hauptkriegsverbrecher mit 15 Jahren Gefängnis bestraft, erhielt jedoch bereits 1954 Haftverschonung. [Anm. des Hrsg.]

+ Werner Freiherr von Fritsch (1880 - 1939) war als Generaloberst in den Jahren 1934/35 Chef der Heeresleitung und von 1935 bis 1938 Oberbefehlshaber des Heeres. Auf Grund seiner angeblichen Homosexualität wurde Fritsch 1938 aus seiner Funktion als Oberbefehlshaber entlassen, wurde dann aber später von einem Offiziersehrengericht von dem Vorwurf freigesprochen. [Anm. des Hrsg.]

wenn sie bis ins Letzte gelingt, den gesamten Donauraum der deutschen Hegemonie auslieferte und Deutschland gestatten würde, seine Kriegswirtschaft, die bereits empfindliche Lücken aufweist, wieder auf die Höhe zu bringen. Stellen Sie sich den Machtrausch eines den Donauraum beherrschenden Deutschland vor! Stellen Sie sich auch vor, welche Konsequenzen dies für das gesamte Judentum des Südostens, für die Türkei und schliesslich für Palästina haben würde! Der alte Plan des Pangermanismus war ja stets, den Kampf mit dem britischen Weltreiche auf der Route Berlin-Bagdad aufzunehmen.

Alles dies wollen die blinden Lords nicht sehen und schwatzen in ihren aussenpolitischen Debatten einen Unsinn, der zum Lachen wäre, wenn er nicht so tragische Folgen haben würde.

Mein Projekt ist nun das Folgende und ruht auf folgender Erwägung:
Irre ich mich, oder sieht Präsident Roosevelt mit seinen nächsten Ratgebern in dieser Sache vollkommen klar? Müsste er nicht ein immer wachsendes Interesse daran haben, in Bezug auf diese ganze Entwicklung regelmässig objektiv informiert zu werden, und zwar durch jemand, der, wie ich, nicht lange Memoranden sendet, sondern auf wenigen Seiten die entscheidenden Informationen und Interpretationen, zugleich mit den wichtigsten Belegen vorlegt? Meine Kompetenz geht wohl aus meinem, in deutscher und französischer Ausgabe beifolgendem Buche[*] hervor, ferner auch aus der Tatsache, dass ich die deutsche Entwicklung seit zehn Jahren unablässig warnend vorausgesagt habe, wie sie gekommen ist; endlich bin ich auch durch meine vielen Beziehungen zu massgebenden Persönlichkeiten sowie durch einen Kreis ausgezeichneter Mitarbeiter[+] in der ganz besonders günstigen Lage,

---

[*] Hierbei handelt es sich um das folgende Buch: Foerster, Friedrich Wilhelm: Europa und die deutsche Frage. Eine Deutung und ein Ausblick. Luzern [1/2]1937. Vgl. dazu die folgende Übersetzung: Ders.: L'Europe et la question allemande. Traduit par Henri Bloch et Paul Roques. Avec préface de André Chaumeix. Paris 1937, 1940, 1947. [Anm. des Hrsg.]

[+] die werden ihrerseits wieder durch Schweizer industrielle Freunde, die mit leitenden Nazis bekannt sind, intim über deutsche Verhältnisse und Absichten unterrichtet. [Randbemerkung Foersters]

aus Deutschland, Oesterreich, der Tschechoslowakei (und von dort aus dem ganzen Südosten) die solidesten Informationen zu erhalten. Hätte ich genügend Fonds, so könnte ich das alles noch nach allen Seiten (auch nach Russland und Polen) hin ausbauen. Und damit komme ich auf das Wesentliche:

Würde es Ihnen möglich sein, direkt dem Präsidenten Roosevelt die Frage vorzulegen, ob er inmitten der ganz aussergewöhnlichen Sachlage und angesichts des wachsenden Interesses, das Amerika an der überaus bedrohlichen Entwicklung der Dinge in Europa nimmt, (deren richtiger Deutung die zünftigen Journalisten und Diplomaten nicht mehr gewachsen sind), nicht bereit wäre, für meine Arbeit, sei es direkt aus Staatsgeldern, sei es mit Hilfe privater Interessenten, eine einmalige Summe von 100.000 Dollar auszusetzen, die mir dann dazu dienen würde, mir zunächst für zwei Jahre, als Basis für meine Interpretationen, in Genf ein Büreau einzurichten, das meinen Mitarbeitern ermöglicht, von allen Seiten her und besonders aus Deutschland die zuverlässigsten Informationen einzuziehen. Ich würde dann diesen service benützen, um etwa alle 2 - 4 Wochen meine Interpretation der entscheidenden Ereignisse und Entwicklungen zu senden und denselben für die nächsten Mitarbeiter des Präsidenten Memoranda über die wirtschaftliche und kulturelle Situation (Kirchenkampf, Judenverfolgung, soziale Entwicklung (Frankreich)) beizufügen.

Der erschreckend subalterne Stand der gegenwärtigen Berichterstattung über die Entwicklung auf dem europäischen Kontinent hat mich dazu angeregt, das obige Angebot zu machen. Ich sagte mir: Wie können treffsichere Worte gesprochen und wirksame Reaktionen organisiert werden, wenn die genaue Kenntnis der fremden Zustände, Absichten und Machtreserven fehlt? Unvermutet nötigt das ostasiatische Problem die Vereinigten Staaten, sich mit den Chancen einer europäischen Hilfe gegenüber einem gewissen weltpolitischen Anarchismus der japanischen militärischen Machthaber zu beschäftigen. Die Chancen einer solchen Hilfe hängen ganz davon ab, ob England es versteht, zu den Gangsters auf dem europäischen Kontinent rechtzeitig in der richtigen Sprache zu reden, statt ihnen eine Position nach der andern auszuliefern, bis sie sich eines Tages stark genug fühlen, mit Japans Hilfe Russland zu zerschlagen.

Darum wird es dringend nötig sein, nicht nur den Vereinigten Staaten diejenigen Informationen zu senden, die für ihre weltpolitischen Erwägungen, Vorbereitungen und Entscheidungen wichtig sind, sondern ebenso auch den englischen Eliten intime und solide reseignements, avertissements und interpretations regelmässig zu senden, so vor allem an die Mitglieder beider Häuser, sowie an alle wichtigen leader der öffentlichen Meinung. Meine besonders guten und bereits erprobten persönlichen Beziehungen zu vielen einflussreichen britischen Persönlichkeiten in allen Parteien erlauben mir in dieser Richtung die fruchtbarsten Einwirkungen. Lord Snell, Lord Tyrrell, die Duchess of Atholl, Lady Milner, der Earl of Stamford würden alles tun, um meine memoranda nutzbar zu machen. So wird z. B. von Lady Milner die inliegende Broschüre in den massgebenden Kreisen verbreitet. Es ist mir aber ganz unmöglich, ohne Entschädigung meiner Arbeit und meines Zeitaufwandes und desjenigen meiner Mitarbeiter eine solche Aktion zu übernehmen und auszubauen.

Ich bemerke zum Schluss noch, dass ich zwei ganz ausgezeichnete militärische Mitarbeiter habe, die immer in der Lage sind, sich ganz authentische Informationen aus Deutschland zu verschaffen und dieselben aus gründlicher Kenntnis der Personen und der Verhältnisse zu interpretieren. Ich müsste natürlich, um alles gut zu organisieren, meine Vertrauensmänner an verschiedenen besonders wichtigen Punkten placieren: in Prag, Wien, Stockholm, Paris, Basel.

Es würde sich also um 3 Hauptleistungen handeln:

1) Die Informationsarbeit meiner Freunde.

2) Meine zusammenfassende Interpretation.

3) Die Verbreitung der Memoranden und Dokumente an die einflussreichsten politischen Persönlichkeiten Englands und der Vereinigten Staaten, zum Teil durch gedruckte pamphlets zum Teil durch intime Briefe.

Ich bin gewiss für geistigere Aufgaben da, als für solche Arbeit, aber es ist mir anlässlich der letzten Ereignisse in Berlin und Wien erschreckend klar geworden, in wie grotesker Weise die leitenden Kreise in Europa ohne tiefere Kenntnis der entscheidenden Tendenzen sind und wie gefährlich es ist, in diesem entscheidenden Jahr den Informationsdienst den Subalternen und den Routiniers zu überlassen, die der psychologischen und soziologischen Erfassung der Probleme in keiner Weise mehr gewachsen sind.

In dem sicheren Bewusstsein, dass durch das von mir empfohlene Unternehmen die unbedingte, solide Relation between the political brain and the political facts gesichert werden kann und dass dies für die Weltpolitik der beiden angelsächsischen Völker von solcher Bedeutung sein wird, dass die von mir verlangte Summe wirklich als ein „investment that pays" bezeichnet werden kann

bin ich in herzlicher Hochschätzung
Ihr ergebenster

Fr. W. Foerster

2.6 Brief Albert Einsteins an Friedrich Wilhelm Foerster. Princeton, 13. März 1938.[38]

---

13. März 1938*

Professor Fr. W. Foerster
Monnetier-Mornex, Haute-Savoye

Sehr geehrter Professor Foerster:

Als ich Ihren Brief las, wunderte ich mich sehr über Ihren Optimismus. Da ist ein Staatsoberhaupt, das einen riesigen Informations-Apparat zur Verfügung hat. Glauben Sie, ein solcher Mann hält es für richtig, sich Informationen von einem ihm unbekannten Ausländer zu verschaffen? Glauben Sie, er könnte dies, selbst wenn er es wollte? Was würden seine politischen Feinde dazu sagen? Ich kann mich unmöglich für eine so aussichtslose Sache einsetzen.

Glauben Sie übrigens nicht, dass es diesem Manne an gutem Willen fehlt, die Sache des Rechts und der Vernunft in den internationalen Dingen zu vertreten. Er muss aber mit der Verständnislosigkeit und dem kurzsichtigen nationalen Egoismus der Volksvertretung rechnen. Er hat schon einmal eine empfindliche Niederlage erlitten, als er versuchte, Amerika am Haager Schiedsgericht zu beteiligen. Ihm sind die Hände weitgehend gebunden, sodass seine Einsicht ihm wenig hilft.

---

[38] Albert-Einstein-Archive der Jüdischen National- und Universitätsbibliothek der Hebräischen Universität Jerusalem (Israel):
- Albert Einstein an Friedrich Wilhelm Foerster. Princeton, 13. März 1938. Maschinengeschriebener Brief, zwei Seiten. Signatur: 4°1576 – 53 085.

* Zwei Tage zuvor, am 11. März 1938, fand der Einmarsch der deutschen Wehrmacht in Österreich statt, und es wurde der Anschluß Österreichs an das Deutsche Reich verkündet. [Anm. des Hrsg.]

In Ihrem Buch[*] habe ich schon viel gelesen, in vieler Hinsicht mit Zustimmung. Allerdings erweckt eine Sache in mir starke Bedenken. Das Christentum – abstrakt genommen – mag wohl als Prinzip des moralisch Guten des wirklichen menschlichen Fortschritts betrachtet werden. Die Kirchen aber, die im Namen des christlichen Prinzips wirken, haben mehr Ihren apokalyptischen Mächten gedient als den ewigen Zielen der Menschlichkeit. Sie haben deshalb bei den rechtlich und vorurteilsfrei denkenden Menschen jeglichen Kredit verloren. Sie müssen wohl selbst zugeben, dass dies in Ihrem Buche nicht so deutlich zum Ausdruck kommt, dass Missverständnisse ausgeschlossen wären.

Das Schreckliche in unserer Zeit liegt für mich darin, dass ich nirgends in der Welt eine organisierte Macht sehe, von der man eine Rettung aus der wachsenden Barbarei erwarten dürfte. Diejenigen aber, die verantwortungsvoll sind und für Menschlichkeit und Gerechtigkeit einzutreten bereit sind, sind in ihrer Zerstreuung und Zusammenhangslosigkeit völlig ohnmächtig.

Herzlich grüsst Sie
Ihr

Albert Einstein

---

[*] Vgl. Foerster, Friedrich Wilhelm: Europa und die deutsche Frage. A.a.O. [Anm. des Hrsg.]

2.7 Brief Friedrich Wilhelm Foersters an Albert Einstein. New York, 20. März 1941.[39]

New York
Riverside-Drive 1781
20. 3. 41

Sehr verehrter Herr College,

vielleicht haben Sie schon erfahren, dass ich Weihnachten hier gelandet bin, nach grossem Umweg über Rio de Janeiro. Ich hätte mich schon lange bei Ihnen gemeldet, um mit Ihnen über meine letzten Eindrücke in Europa (ich kam von Frankreich) und über die ganze Lage zu sprechen, wurde aber von einer sehr langwierigen Grippe mit Rückfällen gehindert. Würde es Sie sehr stören, wenn ich Ihnen einen kleinen Besuch in Princeton machte oder kommen Sie gelegentlich nach New York?
In dem letzten Brief, den ich von Ihnen erhielt, gaben Sie mir die freundliche Zusage, mich, wenn ich einmal herkäme, bei wichtigen Persönlichkeiten einzuführen. Darf ich jetzt darauf zurückkommen? Zunächst wäre es für mich geradezu eine Rettung aus schwieriger ökonomischer Lage (ich bin hier mit meiner Familie), wenn ich Einladungen zu Vorträgen oder Kursen (auch Sommerkursen) an Colleges und Universitäten erhalten könnte. Die einzige, die ich bisher erhalten habe, war eine an das Oberlin-College (Ohio) und eine nach Pendler-Hill, Pennsylvania. Beide Male sprach ich über Preussen, Deutschland und Hitler, ausserdem vor der theologischen Fakultät über die geistigen Ursachen der gegenwärtigen politischen Ereignisse. Für den Fall, dass Sie mich irgendwo empfehlen können, lege ich eine kleine Liste mit Vortragsthemen bei.

---

[39] Albert-Einstein-Archive der Jüdischen National- und Universitätsbibliothek der Hebräischen Universität Jerusalem (Israel):
- Friedrich Wilhelm Foerster an Albert Einstein. New York, 20. März 1941. Handschriftlicher Brief, drei Seiten. Signatur: 4°1576 – 55 092.

Ich möchte Ihren Rat aber noch in einer anderen Frage erbitten – was ich angesichts Ihrer grossen Inanspruchnahme nicht wagen würde, wenn es sich nicht um das gemeinsame Interesse des Kampfes gegen die Nazi-Barbarei handelte. Ich habe gute Aussicht, das Wesentliche meiner gesamten literarischen Arbeit kondensiert, gekürzt, ergänzt, angepasst an das amerikanische Publikum in einer Serie von Büchern von mittlerer Grösse herauszubringen. Aber das verlangt ein Jahr konzentrierte Arbeit ohne Existenzkampf und Existenzsorgen. Wüssten Sie wohl einen Millionär, der mir zu diesem Zwekke 6.000 Dollar stiften würde. Ich bin jetzt dabei – und spüre, wie notwendig mir die Musse wäre –, ein kleines Buch „Lessons from the European Saperium" niederzuschreiben, worin ich – neben einem Kapitel gegen die appeasens – viele Dinge berichte, die für die Aufklärung weiter Kreise, die noch Illusionen haben, wichtig sein könnte. In Bezug auf den kommenden Frieden gibt es vor allem in kirchlichen Kreisen noch ganz gefährliche Illusionen, als ob es genüge, Hitler zu beseitigen, dann sei Germany wieder trustworthy.
Ich bin aus einer militärischen Familie und hatte bis kurz vor meiner Abreise noch viele wichtige und intime Informationen aus Deutschland und habe auch in Frankreich vieles erfahren und möchte das alles hier nutzbar machen. Erst gestern erhielt ich wieder einen sehr wichtigen Bericht aus Genf, der erstaunlicherweise die Zensur passiert hat. Ich habe so viel wichtige Dinge erfahren, dass ich so arrogant bin zu wünschen, einmal mit dem Präsidenten Roosevelt selber sprechen zu können.
Wir brauchen heute auch spiritual warfare, um die militärische Aktion zu ergänzen, ja zu inspirieren; ein Europäer kann heute den Sinn demokratischer Institutionen und jede Art von vorwärts gerichteter Lösung am grossen Problem unserer Zivilisation besser verteidigen als die glücklichen Besitzer der Freiheit, die gar nicht wissen, was sie haben. Alles dies will ich in meiner Publikation behandeln. In welchem Sinne, das zeigt Ihnen die englische Ausgabe meines Buches über „Europa und die deutsche Frage"*, das ich Ihnen zugehen lasse.

---

* Vgl. Foerster, Friedrich Wilhelm: Europe and the German question. London, New York 1940, 1941, 1975. [Anm. des Hrsg.]

In der Hoffnung, dass es Ihnen gesundheitlich gut geht, bin ich in herzlicher Hochschätzung grüssend der Ihrige

Fr. W. Foerster

P.S.:

Die Carnegie Dotation kommt leider nicht in Frage. Prof. Butler steht gegen mich, wie mein Freund Max Brauer*, der Sie bestens grüssen lässt, durch eine persönliche Fühlungnahme feststellen konnte. Butler hat mich seiner Zeit 1927 aus dem Council der Dotation herausgedrängt, weil er gute Beziehungen zu Stresemann vorzog.+

---

* Max Brauer (1887 - 1973), sozialdemokratischer Politiker, war ab 1919 Bürgermeister und ab 1924 Oberbürgermeister von Altona (Hamburg). 1933 wurde er in Schutzhaft genommen, ihm gelang jedoch die Flucht. Er emigrierte zunächst in die Schweiz, hielt sich dann für ein Jahr in China auf und gelangte dann in die USA, wo er an diversen Universitäten (u. a. an der Columbia-Universität in New York) und Colleges als Lehrer tätig war. Von 1946 bis 1953 und von 1957 bis 1960 war Max Brauer Erster Bürgermeister der Freien Hansestadt Hamburg. [Anm. des Hrsg.]

+ Anläßlich der Völkerbundversammlung Anfang September 1926 war es in Genf zu einem schweren Zusammenstoß zwischen Foerster und dem deutschen Außenminister Gustav Stresemann gekommen. Auf dieser Versammlung wollte Stresemann in einer Rede erklären, daß Deutschland faktisch völlig abgerüstet sei und daher dem Völkerbund beitreten wolle. Zu dieser Rede Stresemanns kam es allerdings erst gar nicht, denn Foerster hatte jedem einzelnen Delegierten der Völkerbundversammlung zuvor eine große braune Broschüre mit dem Titel „Le réarmement clandestin de l'Allemagne" (dt.: Die heimliche Wiederaufrüstung Deutschlands) vorgelegt, mit der die Weltöffentlichkeit darüber aufgeklärt werden sollte, daß Deutschland zwar nach dem Weltkrieg formal gesehen abgerüstet habe, indem die alten und überholten Waffen fortgeschafft oder vernichtet worden seien, in Wirklichkeit habe aber in den vergangenen Jahren eine heimliche militärische Aufrüstung mit neuen modernen Waffen und damit der Wiederaufbau der deutschen Armee begonnen. Als Stresemann die Tribüne der Völkerbundversammlung betrat, um seine Ansprache zu halten, erhielt er ebenfalls die genannte Broschüre. Stresemann geriet daraufhin in derartige Wut, daß er umgehend die am Orte anwesende internationale Presse zusammenrufen ließ. In einer Erklärung bezeichnete Stresemann die Verfasser der Broschüre

Inliegender Brief von Prof. Kippaloc* [?] könnte Ihnen vielleicht nützlich sein, wenn Sie mich irgendwo einführen wollen.

---

als „Lumpen". Vgl. Max, Pascal: Pädagogische und politische Kritik im Lebenswerk Friedrich Wilhelm Foersters. A.a.O., S. 179 f. [Anm. des Hrsg.]

* Name unleserlich [Anm. des Hrsg.]. Der oben erwähnte Brief von Prof. Kippaloc [?] ist nicht im Bestand der in den Albert-Einstein-Archiven archivierten Briefe Friedrich Wilhelm Foersters an Albert Einstein enthalten.

Faksimile 2: **Brief Friedrich Wilhelm Foersters an Albert Einstein. New York, 20. März 1941.**

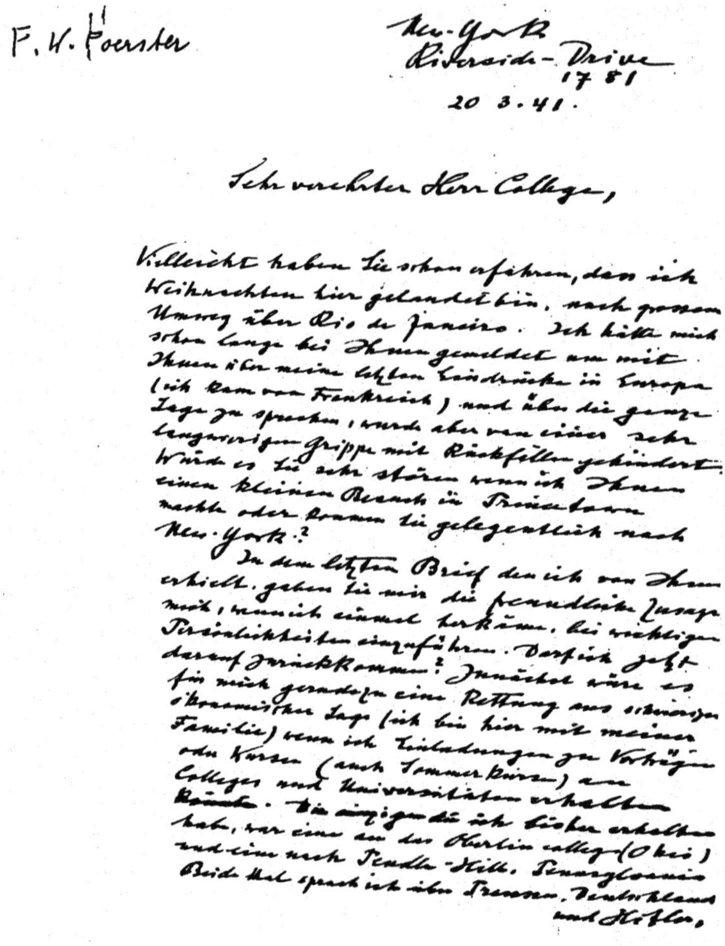

F. W. Foerster

New-York
Riverside-Drive
1781
20.3.41.

Sehr verehrter Herr College,

Vielleicht haben Sie schon erfahren, dass ich Weihnachten hier gelandet bin, nach grossem Umweg über Rio de Janeiro. Ich hätte mich schon lange bei Ihnen gemeldet um mit Ihnen über meine letzten Eindrücke in Europa (ich kam von Frankreich) und über die ganze Lage zu sprechen, wurde aber von einer sehr langwierigen Grippe mit Rückfällen gehindert. Würde es Sie sehr stören wenn ich Ihnen einen kleinen Besuch in Princeton machte oder kommen Sie gelegentlich nach New-York?

In dem letzten Brief den ich von Ihnen erhielt, gaben Sie mir die freundliche Zusage mich, wenn ich einmal herkäme, bei wichtigen Persönlichkeiten einzuführen. Darf ich jetzt darauf zurückkommen? Zunächst wäre es für mich geradezu eine Rettung aus schwierigen ökonomischen Lage (ich bin hier mit meiner Familie) wenn ich Einladungen zu Vorträgen oder Kursen (auch Sommerkursen) an Colleges und Universitäten erhalten könnte. Die einzigen die ich bisher erhalten habe, war eine an das Oberlin college (Ohio) und eine nach Pendle-Hill, Pennsylvania. Beide Mal sprach ich über Frankreich, Deutschland und Hitler,

2

ausserdem vor der theologischen Fakultät über die geistigen Ursachen der gegenwärtigen politischen Ereignisse. Für den Fall dass Sie mich irgendwo empfehlen können, lege ich eine kleine Liste mit Vortragsthemen bei.

Ich möchte Ihren Rat aber noch in einer anderen Frage erbitten – was ich angesichts Ihrer grossen Inanspruchnahme nicht wagen würde, wenn es sich nicht um das gemeinsame Interesse des Kampfes gegen die Nazi-Barbarei handelte. Ich habe gute Aussicht das Wesentliche meiner gesammten litterarischen Arbeit kondensiert, gekürzt, ergänzt, angepasst an das amerikanische Publikum in einer Serie von Büchern von mittlerer Grösse herauszubringen. Aber das verlangt ein Jahr konzentrierter Arbeit ohne Geisteskampf und Geistessorgen. Wüssten Sie wohl einen Millionär der mir zu diesem Zwecke 6000 Dollar stiften würde. Ich bin jetzt dabei – und spüre wie notwendig mir die Muse wäre – ein kleines Buch "Lessons from the European Experience" niederzuschreiben worin ich – neben einem Kapitel gegen die appeasement – viele Dinge berichte die für die Aufklärung weiter Kreise die noch Illusionen haben wichtig sein könnte. In Bezug auf den ~~[illegible]~~ Frieden gibt es in allen kirchlichen Kreisen noch ganz gefährliche Illusionen, als ob es genüge Hitler zu beseitigen, dann sei Germany wieder trustworthy!

Ich bin aus einer militärischen Familie und hatte bis kurz vor meiner Abreise noch viele wichtige und intime Informationen aus Deutschland und habe auch in Frankreich vieles erfahren und möchte das alles hier nutzbar machen. Erst gestern erhielt ich wieder einen sehr wichtigen Bericht aus Genf der erstaunlicherweise die Censur passiert hat. Ich habe so viel wichtige Dinge erfahren dass ich so arrogant bin zu wünschen einmal mit dem Präsidenten Roosevelt selbst sprechen zu können.

3

Wir brauchen heute auch spirituelle Waffen um die militärische Aktion zu ergänzen, ja zu inspirieren; ein Emigrant kann heute den Sinn demokratischer Institutionen und jeder Art von vorwärts gerichteter Lösung der grossen Probleme unserer Zivilisation besser verteidigen als die glücklichen Besitzer der Freiheit, die gar nicht wissen was sie haben. Alles dies will ich in meinen Publikationen behandeln. In welchem Sinne das zeigt Ihnen die englische Ausgabe meines Buches über „Europa und die deutsche Frage" das ich Ihnen zugehen lasse..

In der Hoffnung dass es Ihnen gesundheitlich gut geht, bin ich in herzlicher Hochschätzung grüssend der Ihrige

Fr. W. Foerster

Die Carnegie Dotation kommt leider nicht in Frage. Prof Butler steht gegen mich, wie mein Freund Max Brauer, der Sie bestens grüssen lässt, durch eine persönliche Fühlungnahme feststellen konnte. Butler hat mich seiner Zeit 1924 aus dem Conseil der Dotation herausgedrängt, weil er gute Beziehungen zu Stresemann vorzog.

Inliegenden Brief von Prof. Kippold könnte Ihnen vielleicht nützlich sein wenn Sie mich irgendwo einführen wollen

2.8 Brief Friedrich Wilhelm Foersters an Albert Einstein. New York, 29. Juni 1942.[40]

DR. FR. W. FOERSTER
FORMER PROFESSOR OF PHILOSOPHIE AND PEDAGOGY
AT THE UNIVERSITY OF MUNICH
1781 RIVERSIDE DRIVE
NEW YORK, N. Y.

LORRAINE 7.0176

29. 6. 42

Sehr verehrter lieber Herr Kollege,

Sie waren so freundlich, mir anzubieten, mir eventuell eine Empfehlung zu schreiben an Persönlichkeiten, die für mich von Wert sein könnten. Wären Sie wohl bereit, einige Zeilen an Dr. A. Wise zu schreiben. Diesmal ist es nicht für meine persönlichen Bedürfnisse, sondern für die gute Sache. In welchem Sinne, das ersehen Sie aus den beiden inliegenden Briefen[*], die von einem meiner intelligentesten Mitarbeiter stammen, der aus der deutschen Wirtschaft kommt, aber seit vielen Jahren im Ansichten an die Werke [*im Sichten der Werke;* Anm. des Herausgebers] Haushofers[+] die Entwick-

---

[40] Albert-Einstein-Archive der Jüdischen National- und Universitätsbibliothek der Hebräischen Universität Jerusalem (Israel):
- Friedrich Wilhelm Foerster an Albert Einstein. New York, 29. Juni 1942. Handschriftlicher Brief, zwei Seiten. Signatur: 4°1576 – 55 094.

[*] Der Brief Foersters an Einstein enthält als Anlagen zwei Briefe von Tete Harens Tetens vom 16. Juni 1942 und vom 22. Juni 1942. [Anm. des Hrsg.]

[+] Karl Haushofer (1869 - 1946) war von 1921 bis 1933 Honorarprofessor und von 1933 bis 1939 ordentlicher Professor für Geographie an der Universität München. Die geopolitischen Vorstellungen und Lehren Haushofers, u.a. seine Lebensraum-Theorie, waren von

lung der deutschen Strategie und ihrer technischen Methoden studiert, dann in Südamerika und hier die Methoden der Nazis studiert hat. Die Tatsache, dass er mit mir zusammen eingeladen wurde, vor dem Generalstab in 3½ Stunden die Absichten Hitlers zu explicieren, und dass wir dann vor der Grand Jury über die 5. Colonne zu referieren hatten, zeigt wohl, dass wir ernstgenommen wurden. Nach dem Vortrag im Generalstab erhielten wir 3 Dankbriefe, einen vom Vorsitzenden, den anderen vom General Lee, den dritten vom General Watson, dem Adjutanten des Präsidenten R. [= *Roosevelt;* Anm. des Hrsg.].*

Aus den neuesten Situationsberichten, die beiliegen, ersehen Sie, wie ausserordentlich gefährlich die Situation geworden ist, durch den Mangel der Engländer an jeder Voraussicht. Stellen Sie sich vor, dass die Deutschen die letzten zivilisierten Widerstände überrennen, in Palästina einbrechen und das dort endlich zur Ruhe gekommene Judentum vernichten, auseinanderjagen oder zur Sklavenarbeit zwingen. Stellen Sie sich weiter vor, dass die Deutschen ihr Oel bekommen, Südamerika erobern, von dort nach Texas vorstossen, während die Japsen [= *Japaner;* Anm. des Hrsg.] von Alaska heruntermarschieren. Was wird dann aus uns allen? Wo ist noch eine Zuflucht?

---

zentraler Bedeutung für die Entstehung der imperialen Großraumpolitik des Nationalsozialismus.

* Im April 1941 wurde Foerster zusammen mit seinem Freund Tete Harens Tetens vom Generalstab der amerikanischen Armee auf Wunsch des Präsidenten Franklin Delano Roosevelt nach Washington zu einem Gespräch eingeladen. Dort berichteten Foerster und Tetens über Einzelheiten der ihnen bekannten Pläne der Nazis. Insbesondere informierten sie über Hitlers Eroberungspläne und über die geopolitischen Vorstellungen Karl Haushofers, die eine wesentliche Grundlage für die Politik Hitlers waren. Foerster wies auch auf Hitlers Buch „Mein Kampf" hin, welches das leitende politische Programm der Nationalsozialisten sei. Einige Tage nach diesem Zusammentreffen erhielten Foerster und Tetens vom militärischen Sekretär Präsident Roosevelts, General Watson, ein Dankschreiben, in dem dieser mitteilte, daß die Informationen protokolliert wurden und nun auf Regierungsebene weiter diskutiert würden. Einen Monat später, im Mai 1941, nahm Foerster auf Einladung des obersten Staatsanwaltes Maloney an einer Sitzung der „Grand Jury" in Washington teil, die sich gerade mit einem Prozeß gegen amerikanische Nazis beschäftigte, wo er einen Vortrag über die alldeutschen Hintergründe des Nationalsozialismus hielt. Vgl. Max, Pascal: Pädagogische und politische Kritik im Lebenswerk Friedrich Wilhelm Foersters. A.a.O., S. 206 f. [Anm. des Hrsg.]

Glücklicherweise liegen noch letzte und grosse Chancen in dem fabelhaften Aufschwung der amerikanischen Kriegsproduktion. Aber die Gefahr ist so gross, dass eine zehnfache Anstrengung nötig ist, um sie noch rechtzeitig zu beschwören. Es genügt nicht, die obersten Verantwortlichen aufzuklären, ganz abgesehen davon, dass da alte Herren sitzen, die noch nicht begreifen wollen, dass Amerika auf Tod und Leben grosse Lufttransporter bauen muss. Darum muss man die Eliten im Lande aufklären, die dann den nötigen Druck ausüben müssen. Um das in dem Stile zu tun, der allein den Aufgaben gewachsen ist, durch Briefe, Memoranden, Dokumente, Broschüren (nach der Nazi-Praxis), brauchen wir neben allen herkömmlichen Hilfen in Minimum 30.000 Dollar für 6 Monate Aktion. Diesen Plan will ich Dr. Wise vorlegen, der allein schon wegen der Palästinafrage daran interessiert ist.

Heute nur diese kurze Kennzeichnung meines Vorhabens und vielen Dank im voraus.

Ihr herzlich ergebener

Fr. W. Foerster

Faksimile 3: **Brief Friedrich Wilhelm Foersters an Albert Einstein. New York, 29. Juni 1942.**

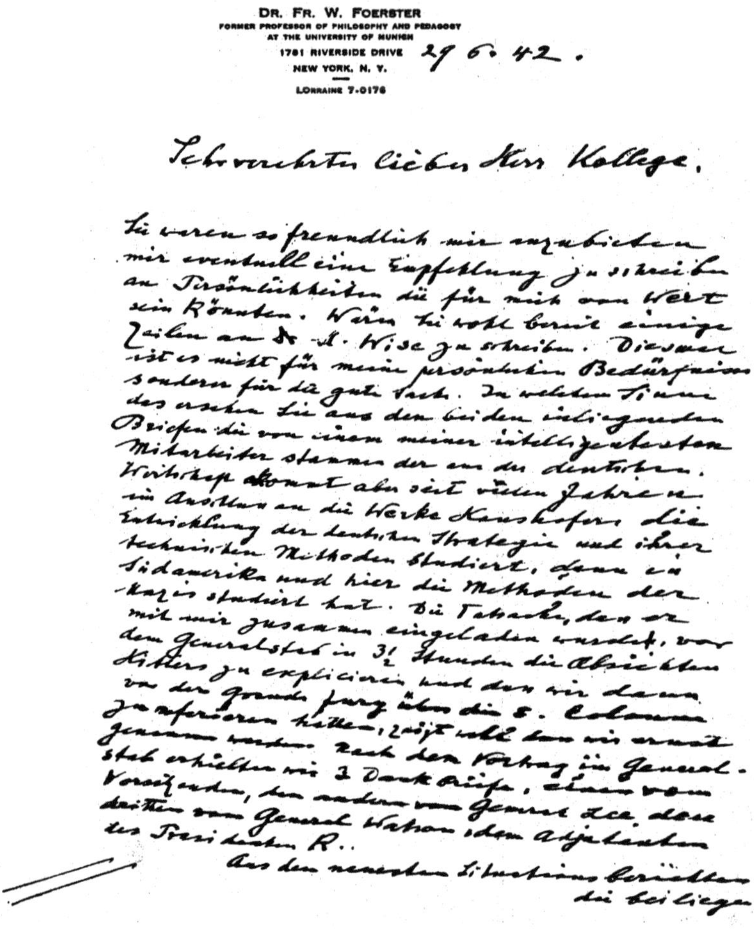

DR. FR. W. FOERSTER
FORMER PROFESSOR OF PHILOSOPHY AND PEDAGOGY
AT THE UNIVERSITY OF MUNICH
1781 RIVERSIDE DRIVE
NEW YORK, N. Y.
LORRAINE 7-0176

29.6.42.

Sehr verehrter lieber Herr Kollege,

Sie waren so freundlich mir anzubieten mir eventuell eine Empfehlung zu schreiben an Persönlichkeiten die für mich von Wert sein könnten. Wären Sie wohl bereit einige Zeilen an Dr. S. Wise zu schreiben. Diesmal ist es nicht für meine persönlichen Bedürfnisse sondern für die gute Sache. In welchem Sinne das ersehen Sie aus den beiden inliegenden Briefen die von einem meiner intelligentesten Mitarbeiter stammen der aus der deutschen [illegible] kommt aber seit vielen Jahren in Anschluss an die Werke Haushofers die Entwicklung der deutschen Strategie und ihrer technischen Methoden studiert, dann in Südamerika und hier die Methoden der Nazis studiert hat. Die Tatsache, dass er mit mir zusammen eingeladen wurde, vor dem Generalstab in 3½ Stunden die Absichten Hitlers zu explicieren und dass wir dann von der Grund[illegible] über die 5. Colonne zu informieren hatten, zeigt wohl dass wir ernst genommen werden. Nach dem Vortrag im Generalstab erhielten wir 3 Dankbriefe, einen vom Vorsitzenden, den andern vom General Lee, den dritten vom General Watson dem Adjutanten des Präsidenten R..

Aus den neuesten Situationsberichten die beiliegen

DR. FR. W. FOERSTER
FORMER PROFESSOR OF PHILOSOPHY AND PEDAGOGY
AT THE UNIVERSITY OF MUNICH
1781 RIVERSIDE DRIVE
NEW YORK, N. Y.
LORRAINE 7-0176

ersehen Sie wie ausserordentlich gefährlich die Situation geworden ist, durch den Mangel der Engländer an jeder Voraussicht. Stellen Sie sich vor, dass die Deutschen die letzten britischen Widerstände überrennen in Palästina einbrechen und das dort endlich zur Ruhe gekommene Judentum vernichten, auseinanderjagen oder zur Sklavenarbeit zwingen. Stellen Sie sich weiter vor dass die Deutschen ihr Oel bekommen Südamerika erobern von dort nach Texas vorstossen, während die Japse von Alaska heruntermarschieren. Was wird dann aus uns Allen? Wo ist noch eine Zuflucht?

Glücklicherweise liegen noch letzte und grosse Chancen in dem fabelhaften Aufschwung der amerikanischen Kriegsproduction. Aber die Gefahr ist so gross dass eine zehnfache Anstrengung nötig ist um sie noch rechtzeitig zu beschwören. Es genügt nicht, die obersten Verantwortlichen aufzuklären, ganz abgesehen davon, dass da alte Herren sitzen die noch nicht begreifen wollen, dass Amerika auf Tod und Leben grosse Lufttransporte bauen muss. Darum muss man die Leute im Lande aufklären die dann den nötigen Druck ausüben müssen. Um das in dem Stile zu tun der allein der Aufgabe gewachsen ist durch Briefe, Memoranden, Dokumente, Broschüren (nach der Nazi-Praxis) brauche ich neben allen technischen Hilfe ein minimum 3000 Dollar für 6 Monate Aktion. Diesen Plan will ich St. Wise vorlegen, der allein schon wegen der Palästinafrage daran interessiert ist.

Heute nur diese ganz kurze Kennzeichnung meines Vorhabens und mehr Detail im Voraus.
Ihr herzlich ergebener
F. W. Foerster

Anlage 1 zu dem Brief Friedrich Wilhelm Foersters an Albert Einstein vom 29. Juni 1942:
Kopie eines Briefes von Tete Harens Tetens an Friedrich Wilhelm Foerster. Bayside, 16. Juni 1942.[41]

T. H. Tetens
42-15, 212 Street
Bayside N. Y.

16. Juni 1942

Sehr verehrter Herr Prof. Foerster!

Ihre kuerzlich gestellte Frage, wie ich die gegenwaertige strategische und politische Situation sowie die Zukunftsaussichten der Ver. Nationen beurteile, laesst sich in einen Brief kaum erschoepfend beantworten.

Um mit der weltpolitischen Situation zu beginnen, so hat sich diese fuer die Ver. Nationen durch den Abschluss des englisch-russischen Vertrages und durch die Verstaendigung zwischen Moskau und Washington ungeheuer verbessert. Die noch bis vor kurzem befuerchtete Gefahr eines ueberraschenden Sonderfriedens zwischen den Nazis und den Russen ist damit wohl endgueltig beseitigt.

Die naechste Frage ist: wo steht Japan heute? Warum erfolgte nicht der Vorstoss in den indischen Ozean, warum erfolgt kein Angriff auf Australien, warum macht Japan keine Anstalten zu einem Angriff gegen Sibirien, warum Japans Schweigen zur Molotow-Reise nach London und Washington? Es

---

[41] Albert-Einstein-Archive der Jüdischen National- und Universitätsbibliothek der Hebräischen Universität Jerusalem (Israel):
- Tete Harens Tetens an Friedrich Wilhelm Foerster. Bayside, 16. Juni 1942. Maschinengeschriebener Brief, sechs Seiten. Signatur: 4°1576 – 55 095.

liegen mancherlei Anzeichen dafuer vor, dass Japan ein Interesse daran hat, rechtzeitig aus dem Achsenlager auszusteigen. Ja, ich nehme sogar an, dass schon vor laengerer Zeit ueber diese Fragen zwischen Tokio und Moskau sehr geheime Besprechungen stattfanden, die bei den Besuchen Molotows in London und Washington moeglicherweise ebenfalls zur Sprache kamen. Wenn aber die Moeglichkeit einer Einigung zwischen den beiden angelsaechsischen Maechten und den Japanern zur Beilegung des Pazifik-Konfliktes nicht besteht, (weil Englaender und Amerikaner etwas von ihrem Prestige, die Japaner dagegen viel von ihren Eroberungen aufgeben muessten), dann muessen sich die Ver. Nationen auf einen langen und schweren Kampf gefasst machen. Sollte sich aber ein Ausgleich mit Japan erzielen lassen, dann waere dies der bedeutungsvollste Erfolg fuer die Ver. Nationen, weil dadurch der Sieg unzweifelhaft fuer die Demokratien gesichert waere, ganz gleich, welche militaerischen Leistungen die Nazikriegsmaschine noch vor ihrem endgueltigen Zusammenbruch vollbringen koennte.

Seit 4 Jahren habe ich in allen meinen Memoranden konsequent die Auffassung vertreten, dass Japan aus dem Achsenlager herausgehalten werden muesse. Sollte sich diese schwierige Aufgabe heute mitten im Kriege durchfuehren lassen, so wuerde dadurch einer der gewaltigsten strategischen Erfolge erzielt werden. Der Zusammenbruch Nazideutschlands waere dann tatsaechlich nur noch eine Frage der Zeit, und Millionen Menschen koennten dadurch vor dem sicheren Tod auf dem Schlachtfeld bewahrt bleiben.

<u>Zur militaerischen und strategischen Situation.</u> Sollte eine Einigung im Pazifik nicht erzielt werden koennen, sondern im Gegenteil Japan noch naeher zu Deutschland herangetrieben werden, dann stehen die Ver. Nationen allerdings vor einem sehr kritischen Jahr. Die Kriegsmaschine der USA befindet sich noch immer im Stadium des Anlaufens, und wir muessen mindestens bis zum Fruehjahr oder Sommer 1943 warten, bis wir in genuegender Staerke Material und ausgebildete Mannschaften bereit haben, um Offensiv-Operationen grossen Stiles gegen die Achse beginnen zu koennen. Bis dahin werden wir wohl in der Defensive bleiben, und die einzige Offensiv-Moeglichkeit werden nur die gesteigerten Luftangriffe auf deutsche Industriezentren sein.

Bleibt aber die deutsch-japanische Offensivstaerke bestehen, wie sie augenblicklich ist, oder wird sie gar noch durch weitere Planung verstaerkt, dann kann sehr wohl in den naechsten Monaten eine Entwicklung eintreten, die die Siegeschancen der Ver. Nationen erheblich gefaehrdet. Die gesamte Kriegsfuehrung wuerde sich z. B. mit einem Schlage aendern, wenn es den Nazis gelaenge, die Oelgebiete des Mittel-Ostens ganz oder zum erheblichen Teil zu erobern. Dann waere Deutschland zum ersten Mal in der Lage, den Krieg in einer Art zu fuehren, wovon man sich hier noch nichts traeumen laesst. Mit genuegend Oelvorraeten versehen, wuerde Deutschland den so lange ersehnten totalen Luftkrieg fuehren koennen: mit taktischen Operationen ueber Distancen von einigen tausend Meilen und mit grossen Truppenbewegungen ueber Nacht von einem Kontinent zum anderen. Wir duerfen nicht vergessen, dass der deutsche Generstab schon vor mehr als 15 Jahren damit begann, das Problem des Truppen- und Materialtransportes durch die Luft als entscheidend fuer die kommende Kriegsfuehrung zu betrachten. Waehrend des Chacokrieges, spaeter in Aethiopien, im spanischen Buergerkrieg, in der Norwegenbesetzung, in Kreta und in den Kaempfen um Lybien wurde dann dieses System bis in die Details erforscht und ausgebaut. Auf dem Gebiet der Luftkriegsfuehrung und des Lufttransportes haelt Deutschland die groessten Ueberraschungen fuer die USA bereit! Erst wenn man diese Gefahr in ihrer vollen Groesse erkannt hat, ist zu hoffen, dass die USA sich zu schnellen Gegenmassnahmen entschliessen, d.h., dass wir grosszuegig vom voellig veralteten System des Schiffstransportes zum wohlorganisierten Lufttransport uebergehen. Was wir schnellstens brauchen, ist eine riesige Flotte von 30.000 - 60.000 grosser Airtransporter. Neben einer selbstaendigen operativen Luftwaffe sollte die Transportluftflotte dazu dienen, im gegebenen Moment die Elitestossarmee von einer Million Mann mit allem notwendigen Material in wenigen Tagen von einem Kontinent zum anderen zu bringen. Wenn wir nicht schnellstens beginnen, uns fuer diese neue Art der interhemispherischen Kriegsfuehrung zu ruesten, dann werden wir unser Festhalten an alten Begriffen genau so schwer zu bezahlen haben als fuer die Illusionen von der „unueberwindlichen Seapower".

Nach langen kostspieligen Lehren beginnen wir jetzt den Umwandlungsprozess von der Seemacht zur Luftmacht. Aber auch das nur mit halbem Herzen. Statt eine Expeditionsluftarmada von 50.000 Superbombern mit einem Aktionsradius von 5.000 Meilen zu bauen – wie ich es schon 1938 vorschlug – legen wir uns jetzt auf den erhoehten Bau von Flugzeugtraegern fest, genau zur selben Zeit, wo uns taeglich in den Zeitungen die Bilder gezeigt werden, wie die modernsten Flugzeugtraeger durch ein wohlgezieltes Lufttorpedo zum Meeresboden geschickt werden, und zwar einschliesslich der Flugzeuge!

Vor etwa zwei Jahren schrieb ich in einem Brief an Bernhard M. Baruch*, dass alles darauf ankaeme, dass wir uns rechtzeitig die Waffe schaffen, die wir im Jahre 1942 brauchen. Haetten wir diese Waffe heute, muessten wir uns ueber den Ausgang des Krieges keine Sorgen machen. Wir wuerden dann einfach einige tausend Flugzeuge und einige tausend Tanks in die Schlacht von Lybien werfen und Rommels Divisionen durch die amerikanische Uebermacht erdruecken. Leider hat sich Amerika nicht auf den Krieg von 1942 eingerichtet, sondern damit begonnen, die deutsche Armee von 1939 zu kopieren. Mit dieser Arbeit ist man heute noch intensiv beschaeftigt, und kaum ein Mensch kann sich vorstellen, dass die Formen des Krieges von 1943 etwas voellig anderes sein werden als das, was sich 1939 auf den Schlachtfeldern Polens und spaeter Frankreichs abspielte.

Amerikas Aufgabe muss es aber sein, nicht die schon laengst ueberlebten deutschen Kampfformen von 1939 zu kopieren, sondern etwas gaenzlich Neues für die kommenden Schlachten zwischen den Kontinenten zu schaffen. Auf Grund der Tatsache, dass 80 % der Weltoelproduktion hier in der westlichen Hemisphäre liegen, koennen wir eine moderne Kriegsmaschine schaffen, gegen die alle Anstrengungen der Deutschen und Japaner geradezu laecherlich wirken muessen. Das setzt aber den voelligen Bruch mit den

---

* Bernard Mannes Baruch (1870 - 1965), amerikanischer Wirtschaftsfachmann und -politiker, gelangte in jungen Jahren durch Börsenspekulationen zu großem Reichtum. Baruch wurde 1918 Vorsitzender des Kriegswirtschaftsausschusses und nahm an den Pariser Friedensverhandlungen (1919) teil. Von 1943 bis 1945 beriet Baruch den amerikanischen Präsidenten Franklin Delano Roosevelt in Fragen der Kriegswirtschaft. [Anm. des Hrsg.]

alten ueberlebten militaerischen Begriffen voraus. Als ich 1938 eine Luftwaffe von 200.000 - 300.000 Flugzeugen zum Schutze der westlichen Hemisphäre fuer notwendig hielt, darunter 50.000 grosse Bomber fuer eine Expeditionsluftwaffe, da hielten mich die hohen Offiziere im War Dep. wohl fuer hoffnungslos geisteskrank. Drei Jahre spaeter wurde diese Ziffer vom Praesidenten als offizielles Programm der USA-Luftwaffe verkuendet – leider 3 Jahre zu spaet! Das gleiche ist der Fall mit der Transportluftflotte. Als ich im April dieses Jahres in unserer mehrstuendigen Konferenz den Stabsoffizieren im War Dep. erklaerte, dass es wenig Zweck habe, eine moderne Armee aufzubauen, aber gleichzeitig an dem total veralteten System des Schiffstransportes festzuhalten, da sah ich erneut dieselben unglaeubigen Gesichter wie 1938. Mein Vorschlag, 60.000 grosse Transportflugzeuge fuer Truppen, Tanks und Material zu bauen, sieht nur auf den ersten Blick revolutionierend aus. In 1 - 2 Jahren wird uns dies ein ganz gelaeufiger Begriff sein, wahrscheinlich aber erst, nachdem die Nazis uns wieder gezeigt haben, wie man mit Hilfe einer Transportluftflotte einen ganzen Kontinent in wenigen Tagen erobern kann.

Meine grosse Befuerchtung ist, dass die USA, so wie in zahlreichen anderen Dingen, auch in bezug auf die Transportluftflotte wieder zu spaet zum richtigen Handeln kommen. Und da besteht die Gefahr, dass Deutschland, wenn es erst einmal ueber genuegend Oel verfuegt, eine Chance fuer den Sieg in die Hand bekommt, die sich dann genau so auswirken kann wie der Durchbruch an der Westfront im Mai 1940. Damals war es das „Teamwork" der modernen Nazikriegsmaschine, gegen das die Franzosen und Englaender nichts entgegenstellen konnten. 1943 mag es Hitlers Transportluftflotte sein, der wir nichts entgegenzustellen haben werden, falls nicht sofort die Umstellung vom veralteten und gefaehrdeten Schiffstransport zum Lufttransport vorgenommen wird.

Das sind in Kuerze einige der wichtigsten Probleme. Dazu kommen noch andere, die fuer den Kriegsausgang nicht minder wichtig sein koennen, z. B. die richtige Bekaempfung des Faschismus in Lateinamerika, der dort in der Hauptsache in den Militaercliquen verankert ist. Ferner das Problem der

1.500 Millionen Farbigen in der Welt, die, wenn wir nicht schnelle und energische Gegenmassnahmen ergreifen, mehr und mehr von der Achsenpropaganda erfasst werden. Eine Niederlage Englands in Aegypten und im Mittel-Osten wuerde automatisch die gesamte arabische Welt in Rebellion bringen, was wiederum starke Rueckwirkungen in Indien und Afrika zur Folge haben wuerde.

Gerade angesichts solcher Gefahren ist es doppelt noetig, dass Amerika sich einen modernen militaerischen Apparat schafft, dessen Staerke das gesunkene Prestige der angelsaechsischen Maechte schnellstens wieder hebt.

Ich moechte diesen Brief nicht schliessen, lieber Herr Professor Foerster, ohne noch an eine besondere Gefahr zu erinnern, die der 5. Kolonne in [*den*] USA. Diese inneren Feinde arbeiten heute alle mehr oder weniger unsichtbar und vorsichtig. Aber sie arbeiten, und hinter ihnen stehen maechtige Gruppen, wie die Hearstpresse und die Chicago Tribune. Die 5. Kolonne ist stark in den tausenden deutschen Vereinigungen verankert, die im Weltkrieg I unter der Fuehrung des spaeter aufgeloesten deutschen Nationalbundes standen und die sich nach dem Krieg der Kontrolle der Steuben Society of America unterstellten. Dazu kommen faschistische Gruppen unter den Italienern und Iren, Stuetzpunkte in den Kreisen der Schwerindustrie und Finanz, im protestantischen und katholischen Klerus, in der republikanischen Partei und teilweise in der Armee!

Sollte einmal, was Gott verhueten moege, die Gefahr einer feindlichen Invasion gegen die westliche Hemisphäre Wirklichkeit werden, dann wird sich mancher ahnungslose Amerikaner verwundert die Augen reiben, wenn er ploetzlich sieht, wie stark in diesem Lande die 5. Kolonne eigentlich ist, trotz aller beruhigenden Versicherungen der Herren Hoover und Biddle.* Auch das wird mit zu den Ueberraschungen gehoeren, die Hitler fuer Amerika bereithaelt!

---

* Herbert Clark Hoover (1874 - 1964), republikanischer Präsident der USA von 1929 - 1933. Francis Biddle war von 1941 bis 1945 unter Präsident Franklin Delano Roosevelt amerikanischer Justizminister. [Anm. des Hrsg.]

Ob es anders kommt und ob die Partie fuer die Nazis sehr schlecht ausgeht, das haengt einzig und allein von den Entscheidungen ab, die in der naechsten Zukunft in Washington getroffen werden. Mit klarer Planung und fester Energie sollte es moeglich sein, den aeusseren und inneren Feind mit einigen wohlvorbereiteten Schlaegen endgueltig zu vernichten.

Dies ist der Wunsch fuer Amerika und die Welt, und in diesem Sinne gruesst Sie herzlichst

Ihr

Tetens

Anlage 2 zu dem Brief Friedrich Wilhelm Foersters an Albert Einstein vom 29. Juni 1942:
Kopie eines in englischer Sprache geschriebenen Briefes von Tete Harens Tetens an Friedrich Wilhelm Foerster. Bayside, 22. Juni 1942.[42]

Dieser Brief, der in Teilen unleserlich ist, wird hier nicht abgedruckt. Das Original befindet sich im Bestand der in den Albert-Einstein-Archiven (Hebräische Universität Jerusalem) archivierten Briefe Friedrich Wilhelm Foersters an Albert Einstein.

[42] Albert-Einstein-Archive der Jüdischen National- und Universitätsbibliothek der Hebräischen Universität Jerusalem (Israel):
- Tete Harens Tetens an Friedrich Wilhelm Foerster. Bayside, 22. Juni 1942. Maschinengeschriebener Brief, zwei Seiten. Signatur: 4°1576 – 55 096.

2.9 Brief Friedrich Wilhelm Foersters an Albert Einstein. New York, 16. August 1947.[43]

Dr. Fr. W. Foerster
1781 Riverside Drive
New York City
—
Tel. Lorraine 7.0176

16. 8. 47

Sehr verehrter Herr Kollege,

durch meinen Freund Tetens hörte ich, dass Sie die sehr freundliche Absicht haben, mir in meiner gegenwärtigen akuten Notlage Hilfe zu bringen und obendrein Ihren Namen zu geben für eine Aktion, die mir für einige Monate Ruhe vor elementaren Existenzsorgen zu sichern suchen würde. Ich kann Ihnen nicht genug dafür danken, dass Sie sich die Zeit dazu nehmen wollen. Meine akute Schwierigkeit kommt daher, dass ich durch ein Augenleiden mit nachfolgender Operation eine ganze Reihe von Monaten arbeitsunfähig war und noch zuletzt 500 Dollar dadurch verlor, dass ich zwei Sommerkurse absagen musste.
Abgesehen vom Akuten fehlen mir die Mittel, um mir auch nur die elementarsten technischen Hilfen für meine Arbeit zu zahlen. Und dies in einem Moment, wo ich, als Sachkundiger, viel dazu tun könnte, tödliche Illusionen über Deutschland zu demaskieren. Ich habe seit langem das Material gesammelt, um als „Arier" ein Buch über die jüdische Tragödie zu schreiben. Vergebens bat ich den Jewish Congress und das American Jewish Committee um eine Beihilfe von 2.500 Dollar für die Fertigstellung dieses Buches. Wäre es nicht gut, wenn ein Fond gesammelt würde für die geistige und sitt-

---

[43] Albert-Einstein-Archive der Jüdischen National- und Universitätsbibliothek der Hebräischen Universität Jerusalem (Israel):
– Friedrich Wilhelm Foerster an Albert Einstein. New York, 16. August 1947. Handschriftlicher Brief, zwei Seiten. Signatur: 4°1576 – 58 182.

liche Gegenwirkung gegen die Volksverhetzung, die zum Gebrauch der Atombombe führt? Mein ganzes Leben hat mich vorbereitet, die Bücher zu schreiben[+], die in solcher Richtung wirken könnten – aber mir fehlt Ruhe, Stenograf, Übersetzer, Copist.

Waren wir nicht alle auf einem Schiff und gäbe es nicht so viel Chancen, dass die [*den;* Anm. des Hrsg.] üblen Mächte[*n*] doch noch in letzter Stunde das Handwerk gelegt werden kann, so würde ich mich schämen, Sie mit meinen Angelegenheiten zu behelligen.

Mit allen guten Wünschen für Ihre Gesundheit und für den Erfolg Ihres eigenen Werkes

in herzlicher Hochschätzung
der Ihrige

Fr. W. Foerster

[+] z. B. über das russisch-westliche Problem! [Anm. Foersters]

2.10 Brief Friedrich Wilhelm Foersters an Albert Einstein. New York, 26. Februar 1950.[44]

Dr. Fr. W. Foerster
1781 Riverside Drive
New York 34, N. Y.
—
Lorraine 7.0176

den 26. Februar 1950

Sehr verehrter lieber Herr College,

die Kaufleute pflegen zu schreiben: Unter Umgehung unserer laufenden Korrespondenz möchten wir heute – – –. So möchte auch ich mit Umgehung des Ihnen vor 14 Tagen gesandten Briefes über das ganz andere höchst aktuelle Thema schreiben, über das Sie sich kürzlich öffentlich ausgesprochen haben, nämlich über die Ausschaltung der atomischen Explosion als leitendes Prinzip der Weltpolitik.
Würden Sie nicht folgender Lösung zustimmen, die ich nächstens in der Herald Tribune zur Sprache bringen will? – Es ist während der Dauer des kalten Krieges und der ganzen ungelösten Spannung zwischen Russland-Asien und der übrigen Welt ausgeschlossen, eine wirklich zuverlässige internationale Kontrolle der atomischen Produktion und ihrer wissenschaftlichen und industriellen Vorbereitung durchzusetzen. Je mehr man innerhalb dieses Zustandes damit rechnen muss, dass morgen oder übermorgen der kalte Krieg in den heissen umschlägt, desto vorsichtiger wird jede Regierung jeden Einblick in ihre explosiven Geheimnisse verhindern. Man kann ein settlement in der Atomdrohung nur durch ein umfassendes Gesamt-settlement des gan-

---

[44] Albert-Einstein-Archive der Jüdischen National- und Universitätsbibliothek der Hebräischen Universität Jerusalem (Israel):
– Friedrich Wilhelm Foerster an Albert Einstein. New York, 26. Februar 1950. Maschinengeschriebener Brief, zwei Seiten. Signatur: 4°1576 – 59 685.

zen West-Ostkonfliktes zu loyaler Durchführung bringen. Ist diese Gesamtregelung da, wird auch Niemand mehr in Versuchung sein, das Weltrisiko dieser Explosion ins Spiel zu setzen.
Wie aber ist diese Gesamtregelung zu denken und durchzusetzen? Zweifellos nur auf dem Wege des Senators Mac Mahon. Er greift nicht die Entscheidung für die Herstellung der Wasserstoffbombe an, er weiss aber, dass deren defensiver Charakter nur dadurch überzeugend demonstriert werden kann, dass die Entscheidung für die Herstellung dieser Waffe mit einem Credit-Angebot grössten Stiles und einem Grossvertrag betreffend wirtschaftlichen Austausches zwischen West und Ost verknüpft wird. Der Ausdruck „globaler Marshall-Plan“ ist gut gewählt, denn er korrigiert sehr glücklich die unmögliche Einseitigkeit des bisherigen Marshall-Planes, der zwei ganz entscheidende Dinge übersehen hat: 1.) die Tatsache, dass die europäische Wirtschaft 1000 Jahre lang von dem Austausch zwischen der extensiven agrikulturellen Wirtschaft des Ostens und der intensiven industriellen Wirtschaft des Westens gelebt hat. Der kalte Krieg hat diesen Austausch gestoppt, und keine amerikanische Philantropie kann diese natürliche Basis der wirtschaftlichen Existenz Europas ersetzen. Die deutsche Arbeitslosigkeit ist ein Mene-Mene-Tekel, die deutsche Wirtschaftskrisis kann nur durch eine grundsätzliche Lösung des West-Ostproblems geheilt werden.
2.) Europa lebt von der Uebersee, gebend und nehmend, es kann darum nie aus seiner Krisis herauskommen, solange nicht die weltwirtschaftliche Cooperation zwischen den Continenten durch den oben empfohlenen Grossvertrag mit einem Credit, der der Grösse der Aufgabe entspricht, sichergestellt ist. Eine solche weltpolitische Stabilisierung liegt ebenso im Interesse des verwüsteten Asiens, wie in demjenigen der kapitalistischen Länder, deren Existenz auf der ungestörten Funktion des internationalen Austausches liegt, der nur durch total peace begründet werden kann.

Hätte ich die Mittel, so würde ich dies in einer Broschüre eingehend begründen und an die Eliten der Alliierten verteilen. Im zweiten Teil dieser Broschüre würde ich zeigen, dass solcher Friedensschluss zwischen West und Ost das einzige Mittel ist, die deutsche Gefahr zu beseitigen, weil nur solcher Friede den Deutschen jede Chance nimmt, durch Ausnutzung der west-

östlichen Spannung ihre Macht wieder herzustellen. Ich würde auch zeigen auf Grund der inliegenden und anderer Dokumente, dass bei Ausbruch eines Krieges, ja auch nur bei Fortdauer des kalten Krieges, die Deutschen unbedingt mit den Russen gehen und das ganze industrielle deutsche Kriegspotential in deren Dienst stellen würden, was mehr als katastrophal wäre.
Irre ich mich, oder hat neulich das von Ihnen geleitete Research-Institut grosse Mittel erhalten? Könnte damit nicht meine Research-Arbeit über die deutschen Realitäten und die pangerman conspiracy hier, in Deutschland und in Südamerika (vgl. Annex 2) finanziert werden?

In aufrichtiger Hochschätzung grüssend
der Ihrige

Fr. W. Foerster

2.11 Brief Albert Einsteins an Friedrich Wilhelm Foerster. Princeton, 4. März 1950.[45]

---

4. März 1950

Dr. Fr. W. Foerster
1781 Riverside Drive
New York 34, N. Y.

Lieber Herr Foerster:

Ich habe sogleich nach Empfang Ihres ersten Briefes Erkundigungen darüber eingezogen, wie Ihr darin geäusserter Wunsch wenigstens teilweise erfüllt werden könnte. Es ist aber leider nichts dabei herausgekommen. Es ist ein Jammer, wie Sie mit Ihrer Kenntnis der deutschen Geschichte und der deutschen Psyche lahmgelegt sind in einer Zeit, wo Ihre aufklärende und erzieherische Tätigkeit besonders nötig wäre. Aber die Amerikaner machen es nicht besser als die Engländer nach dem letzten Kriege, indem sie aus ihrer Hysterie heraus die Bestie wieder flott machen.

Mit dem Inhalt Ihres letzten Briefes stimme ich völlig überein und finde, dass Sie das Problem recht treffend dargelegt haben. Wenn ich wirklich eine Research-Foundation leitete oder irgendwelchen Einfluss auf ein solches Institut hätte, würde ich Ihnen gewiss sofort den Weg ebnen. Aber nichts dergleichen existiert, alles, über was ich verfüge, ist mein Füllfederhalter und mein Gehirn.

---

[45] Albert-Einstein-Archive der Jüdischen National- und Universitätsbibliothek der Hebräischen Universität Jerusalem (Israel):
- Albert Einstein an Friedrich Wilhelm Foerster. Princeton, 4. März 1950. Maschinengeschriebener Brief, eine Seite. Signatur: 4°1576 – 59 686.

Ich hoffe, dass Ihr Artikel Erfolg hat bei einem Publikum, das leider durch konzentrierte irreführende Darstellung hoffnungslos hysterisch gemacht ist. Ich freue mich aber, dass Sie sich nicht irremachen lassen.

Mit freundlichen Grüssen und Wünschen
Ihr

Albert Einstein

Faksimile 4: Brief Albert Einsteins an Friedrich Wilhelm Foerster. Princeton, 4. März 1950.

---

den 4.März 1950

Dr.Fr.W.Foerster
1781 Riverside Drive
New York 34,N.Y.

Lieber Herr Foerster:

Ich habe sogleich nach Empfang Ihres ersten Briefes Erkundigungen darüber eingezogen, wie Ihrem darin geäusserten Wunsch wenigstens teilweise erfüllt werden könnte. Es ist aber leider nichts dabei herausgekommen. Es ist ein Jammer, wie Sie mit Ihrer Kenntnis der deutschen Geschichte und der deutschen Psyche lahmgelegt sind in einer Zeit, wo Ihre aufklärende und erzieherische Tätigkeit besonders nötig wäre. Aber die Amerikaner machen es nicht besser als die Engländer nach dem letzten Kriege, indem sie aus ihrer Hysterie heraus die Bestie wieder flott machen.

Mit dem Inhalt Ihres letzten Briefes stimme ich völlig überein und finde, dass Sie das Problem recht treffend dargelegt haben. Wenn ich wirklich eine Research-Foundation leitete oder irgendwelchen Einfluss auf ein solches Institut hätte, würde ich Ihnen gewiss sofort den Weg ebnen. Aber nichts dergleichen existiert, alles über was ich verfüge ist mein Füllfederhalter und mein Gehirn.

Ich hoffe, dass Ihr Artikel Erfolg hat bei einem Publikum, dass leider durch konzentrierte irreführende Darstellung hoffnungslos hysterisch gemacht ist. Ich freue mich aber, dass Sie sich nicht irre machen lassen.

Mit herzlichen Grüssen und Wünschen

Ihr

Albert Einstein.

2.12 Brief Friedrich Wilhelm Foersters an Albert Einstein. New York, 7. November 1951.[46]

Dr. Fr. W. Foerster
1781 Riverside Drive
New York 34, N. Y.
—
Lorraine 7.0176

New York, d. 7. Nov. 1951

Herrn Professor
Albert Einstein
Princeton N. J.

Sehr verehrter, lieber Herr Kollege,

ich schulde Ihnen noch sehr grossen Dank dafür, dass Sie seinerzeit die grosse Freundlichkeit hatten, mich in Oslo für den Nobelpreis vorzuschlagen. Ich muss Ihnen gestehen, dass dieser Umstand und die andere Tatsache, dass der italienische Aussenminister, Graf Sforza*, meine Kandidatur direkt

---

[46] Albert-Einstein-Archive der Jüdischen National- und Universitätsbibliothek der Hebräischen Universität Jerusalem (Israel):
- Friedrich Wilhelm Foerster an Albert Einstein. New York, 7. November 1951. Maschinengeschriebener Brief, drei Seiten. Signatur: 4°1576 – 59 692.

* Carlo Graf Sforza (1872 - 1952) war in den Jahren 1920/21 italienischer Außenminister und 1921/22 italienischer Botschafter in Paris. Sforza war ein entschiedener Gegner des italienischen Faschismus und lebte von 1926 ab im Exil in Frankreich. Von 1940 bis 1943 befand er sich in der Emigration in den USA. Nach dem Zweiten Weltkrieg war Sforza von 1947 bis 1951 erneut italienischer Außenminister und propagierte in diesem Amt den Gedanken der europäischen Einigung. [Anm. des Hrsg.]

durch seinen Gesandten in Oslo beantragen liess und dass auch Eduard Herriot* sich diesem Antrage anschloss, mich zu dem Glauben verführt hatte, die Vorsehung werde unseren Wunsch erfüllen. Wie Sie aus der gestrigen Presse wohl ersehen haben, habe ich keinen Pfennig erhalten, denn der Preis wurde dem französischen Sozialistenführer Jouhaux** zugesprochen. Congratulation! Diese Congratulation würde aufrichtig sein, wenn irgend jemand mir beweisen könnte, dass der Preisgekrönte irgendwann irgendetwas für den Weltfrieden getan hätte. Wenn ich mir überhaupt die Liste derer ansehe, die den Friedenspreis erhalten haben, und sie mit der Liste derer vergleiche, die ihn wegen hervorragender wissenschaftlicher Leistungen erhielten, so muss ich sagen, es ist im Grunde unglaublich, in welchem Masse sich das Committee in der Auswahl derer, die den Friedenspreis erhielten, von der ganz unzweideutigen Bestimmung des Preises entfernt haben. Ich hoffe, dass dies eines Tages einmal öffentlich festgestellt werden wird.

Sie wissen, dass mir ein grösserer Dispositionsfond ganz ausserordentlich erwünscht und nötig wäre, damit ich meine Lebensarbeit vollenden kann, die augenblicklich darin besteht, zehn bis zwölf neue Auflagen meiner Bücher, up to date gebracht, so schnell wie möglich fertigstellen zu können, wozu vor allem meine politischen Memoiren+, dann meine „Politische Ethik"++ und end-

---

* Édouard Herriot (1872 - 1957), Ministerpräsident a.D., war von 1947 bis 1954 Präsident der französischen Nationalversammlung. [Anm. des Hrsg.]

** Léon Jouhaux (1879 - 1954), französischer Politiker und Gewerkschafter, wurde 1907 Generalsekretär des französischen Gewerkschaftsbundes (Confédération Générale du Travail – CGT –) und war ab 1919 stellvertretender Vorsitzender des internationalen Gewerkschaftsbundes. Während des Zweiten Weltkrieges war er in Deutschland inhaftiert. 1951 erhielt Jouhaux den Friedensnobelpreis. [Anm. des Hrsg.]

+ Foerster, Friedrich Wilhelm: Erlebte Weltgeschichte 1869 - 1953. Memoiren. Nürnberg, Zürich 1953. [Anm. des Hrsg.]

++ Ders.: Politische Ethik. Recklinghausen [4]1956. [Anm. des Hrsg.]

lich ein Buch über die Judenfrage+++ gehören, das ein langes Kapitel über die Martyriologie des jüdischen Volkes enthält, das ich meinen „arischen Landsleuten" zu dauernder Meditation widmen möchte. Ich habe Ihnen, glaube ich, auch mitgeteilt, dass ich mich an die Rockefeller-Foundation und das Carnegie-Endowment gewandt habe, um das gewünschte Stipendium zu erhalten. Aber es war vergeblich. Ich hätte in diesem Augenblick eine sehr grosse Chance, nicht nur der guten Sache in Deutschland, nämlich einer neuen ethischen Orientierung der deutschen Jugend einen wichtigen Dienst zu leisten, sondern auch meiner ganzen materiellen Existenz eine neue Basis zu sichern, wenn ich für ein bis zwei Jahre vom Existenzkampf befreit und in der Lage wäre, die Stenographin, Kopistin und den Library-Research-Assistant zu zahlen, auf die ich wegen meines Augenleidens unbedingt angewiesen bin. Ich habe Ihnen diese Angelegenheit, glaube ich, schon einmal zu einer Zeit vorgetragen, als Sie weit und breit keine Hilfe erblicken konnten. Darf ich fragen, ob sich die Möglichkeiten vielleicht inzwischen vermehrt haben? Sehen Sie irgendeine Chance, mir ein solches Stipendium zu verschaffen, oder sehen Sie eine Möglichkeit, mir wenigstens für die nächsten zwei bis drei Monate die nötige finanzielle Hilfe zu sichern? Ich hoffe, noch einmal eine kleine Summe von dem Committee der Frau Staudinger zu erhalten, aber obwohl dies für die dringendsten Bedürfnisse wichtig wäre, reicht es natürlich nicht für die genannten Notwendigkeiten.

Es wäre wohl sehr schade, wenn ich infolge rapider Verschlechterung meiner Lage alle jene Freunde im Stiche lassen müsste, die sich in der F.W.F.-Gesellschaft [= Friedrich-Wilhelm-Foerster-Gesellschaft; Anm. des Hrsg.] zusammengetan haben, deren Aufruf ich Ihnen beilege, ein Aufruf, der von etwa 10 Präsidenten deutscher Pädagogischer Akademien unterzeichnet

---

+++ Ders.: Die jüdische Frage. Vom Mysterium Israels. Freiburg i. Br., Basel, Wien 1959 (= Herder-Bücherei; Band 55). In diesem Buch hat sich Foerster mit den geistigen Hintergründen der jüdischen Geschichte auseinandergesetzt und die kulturellen Verdienste des jüdischen Volkes in der Weltgeschichte gewürdigt. Ein wesentlicher Bestandteil der Analyse ist die kritische Auseinandersetzung mit dem Antisemitismus, der zu den nationalsozialistischen Verbrechen am jüdischen Volk, insbesondere zu den Greueltaten von Auschwitz, führte. Foerster plädiert für eine Überwindung der Feindschaft zwischen Judentum und Christentum und fordert eine Aussöhnung zwischen Juden und Christen, damit sie in Zukunft zu einem besseren Verhältnis zueinander gelangen. [Anm. des Hrsg.]

wurde und der zunächst bestimmt ist, Propaganda für die Verbreitung meiner Bücher zu machen. Es ist in jedem Falle ein sehr ermutigendes Symptom, dass ein solcher Aufruf gewagt werden konnte. Die Unterzeichner des Aufrufs haben sich an die Henry-Ford-Stiftung gewandt, um das Nötige für mich zu erhalten. Wir erhielten aber zunächst die entmutigende Nachricht, dass die Statuten der Stiftung Zuwendungen an das Ausland verbieten . . .
Verzeihen Sie, dass ich Sie schon wieder mit meiner Lage behellige. Da es sich aber um eine Angelegenheit handelt, die in der jetzigen deutschen politischen Krisis mehr Bedeutung gewinnen könnte, als es zunächst den Anschein hat, und da es überaus wichtig ist, dass der materiellen Rekonstruktion Deutschlands die nötigen moralischen Garantien gesichert werden, so weiss ich, dass ich nicht umsonst um Ihre Sympathie und Ihre Hilfe bitten werde.

In herzlicher Hochschätzung und Dankbarkeit grüssend
der Ihrige

Fr. W. Foerster

Anlage zu dem Brief Friedrich Wilhelm Foersters an Albert Einstein vom 7. November 1951:
Aufruf der Friedrich-Wilhelm-Foerster-Gesellschaft (mit Sitz in Bonn) an die Rockefeller-Foundation in New York; 1951.[47]

FRIEDRICH-WILHELM-FOERSTER-GESELLSCHAFT

An die
Rockefeller - Foundation
New York

Wir unterzeichneten Mitglieder der Friedrich-Wilhelm-Foerster-Gesellschaft richten an die Rockefeller-Foundation die dringende Bitte, mitzuhelfen an einem für die sittliche Wiedergeburt Deutschlands entscheidend wichtigen Werke:

Der Neuherausgabe der wichtigsten pädagogischen und sozial-ethischen Werke des auf diesem Gebiete führenden deutschen Pädagogen

Friedrich Wilhelm Foerster
New York 34, 1781 Riverside Drive

des früheren Professors für Philosophie und Pädagogik an den Universitäten Wien und München.

---

[47] Albert-Einstein-Archive der Jüdischen National- und Universitätsbibliothek der Hebräischen Universität Jerusalem (Israel):
- Aufruf der Friedrich-Wilhelm-Foerster-Gesellschaft (mit Sitz in Bonn) an die Rockefeller-Foundation in New York; 1951. Maschinengeschriebener Text, zwei Seiten. Signatur: 4°1576 – 59 688.

Die vierzehn pädagogischen und sozialethischen Werke Foersters sind in alle europäischen Sprachen übersetzt, sie zirkulierten in Deutschland in einer halben Million von Exemplaren, wurden aber im Jahre 1933 von den Nazis mit durchgreifendem Erfolg verbrannt.

Unter den schweren Schicksalsschlägen ist jetzt in Deutschland ein tiefes und ehrliches Suchen nach den Werten erwacht, für die Fr. W. Foerster sein Leben eingesetzt hat. Ein gütiges Schicksal hat ihn in großer Frische und Schöpferkraft erhalten, und er ist bereit, für seine wichtigsten Werke revidierte und umgearbeitete Texte zu liefern, die der Aufgabe angepaßt sind, der neuen Generation in Deutschland diejenigen Orientierungen zu geben, nach denen sie, wie dies durch zahlreiche Zeugnisse erwiesen werden kann, immer dringender verlangen und für deren Bereitstellung bis zu dieser Stunde kein anderer Versuch vorliegt. Er hat ferner zugesagt, nicht nur seine pädagogischen, religiösen und politischen Lebenserinnerungen niederzuschreiben, sondern auch noch weitere sozial-ethische und pädagogische Werke herauszugeben.

Die dringendste Aufgabe ist vor allem eine neue Ausgabe seiner „Politischen Ethik“[*], die auch von seinem japanischen Übersetzer dringend für die junge japanische Generation verlangt wird. Das gleiche Verlangen wird von studentischen Kreisen der sowjetischen Besatzungszone Deutschlands gestellt. Die Bedeutung einer solchen Publikation wird in besonders klares Licht gesetzt durch die anliegende Erklärung der theologischen Fakultät der Universität Leipzig, durch die vor drei Jahren dem ehemaligen Münchner Pädagogen der Doctor theol. honoris causa verliehen wurde.[+]

---

[*] Foerster, Friedrich Wilhelm: Politische Ethik. Recklinghausen [4]1956. [Anm. des Hrsg.]

[+] Im Jahre 1948 erhielt Foerster auf Grund eines einstimmigen Beschlusses der Evangelisch-Theologischen Fakultät der Universität Leipzig den Titel eines Ehrendoktors der Theologie. Die Verleihung dieses Titels war von Alfred Dedo Müller vorgeschlagen worden, einem ehemaligen Schüler Foersters, der nach 1945 Dekan der Evangelisch-Theologischen Fakultät der Universität Leipzig geworden war. Die Auszeichnung mit der Ehrendoktorwürde wurde mit dem folgenden Widmungstext begründet:

Wir unterzeichneten Mitglieder der Friedrich-Wilhelm-Foerster-Gesellschaft, die wir uns um die Neuherausgabe und Fortführung des Lebenswerkes Fr. W. Foersters bemühen, würden es als eine Ehrenpflicht betrachten, ihm, der durch sein Exil alle seine akademischen Einkünfte verloren hat, einen Ehrensold (Stipendium) zu geben, damit er ohne Sorge und Not sich ganz dieser großen Aufgabe widmen kann. Leider ist es zur Zeit unmöglich, von Deutschland aus zu helfen. Es ist lediglich möglich, ihm den Anteil des Autors am Verkauf der Bücher in D-Mark zu zahlen, deren Überweisung in Dollars natürlich nur eine sehr bescheidene Summe darstellen wird. Und doch braucht Fr. W. Foerster für die nächsten zwei Jahre einen Fond von 25.000 Dollar, um dem Autor 1.) für seine große und dringende Arbeit die absolute Befreiung von Existenzsorgen zu sichern, und 2.) ihm zu ermöglichen, sich diejenige technische und wissenschaftliche Assistenz zu zahlen, auf die er wegen seines Augenleidens unbedingt angewiesen ist, das heißt also einen Assistenten für die Bibliotheksarbeit, eine Sekretärin und eine Stenographin.

Es gibt keine größere Gefahr für das deutsche Volk und für die übrige Welt, als daß man dem deutschen Volke großmütig eine materielle Rekonstruktion größten Stiles bewilligt, sich aber nicht um die moralischen Garantien kümmert, die nötig sind, um zu verhindern, daß diese materielle Rekonstruktion, wie dies nach dem ersten Weltkrieg geschah, durch bestimmte Gruppen mißbraucht wird, um Ziele zu verfolgen, die den Absichten diametral entgegengesetzt sind, von denen jene große Hilfe diktiert wurde. Es ist also nicht nur im Interesse der deutschen Jugend, sondern genauso im Interesse der

---

„Dem Kulturphilosophen, der in Schriften von seltener Klarheit, unter Durchbrechung eines tiefgewurzelten Säkularismus, für eine theonome Begründung der Erziehungslehre und -praxis Grundlegendes geleistet hat,
dem Volkserzieher, der unter großen persönlichen Opfern und unbeirrbar gegen dämonische Entartung des politischen Bewußtseins für einen aus den Grundkräften des christlichen Glaubens erneuerten politischen Realismus gekämpft hat,
dem deutschen Menschen, der auch in den schwersten Stunden deutscher Geschichte für die Wiedergeburt des deutschen Volkes aus seinen tiefsten religiösen Lebensquellen heraus gewirkt hat."
Vgl. Foerster, Friedrich Wilhelm: Erlebte Weltgeschichte 1869 - 1953. A.a.O., S. 24 f. Siehe auch: Max, Pascal: Pädagogische und politische Kritik im Lebenswerk Friedrich Wilhelm Foersters. A.a.O., S. 216 f. [Anm. des Hrsg.]

Deutschland okkupierenden Nationen, daß sie die Produktion einer Literatur begünstigen und finanzieren, die einerseits ihre Aufgabe darin gesehen hat und weiter darin sieht, dem deutschen Volke seine besten Traditionen zum Bewußtsein zu bringen, andererseits aber viel Mühe aufgewandt hat, um dem deutschen Volke und vor allem der deutschen Lehrerschaft die demokratischen Ideen und Methoden der amerikanischen Pädagogik nahezubringen.

gez. Ministerialrat a.D. Dr. Joseph Antz, Univ.-Prof. Dr. Breuer,
Stud.-Rat Dr. Nikolaus Ehlen, Stud.-Rat Dr. Walter Euing

2.13 Brief Friedrich Wilhelm Foersters an die Ehefrau von Albert Einstein. New York, 20. November 1951.[48]

FR. W. FOERSTER, PH.D., D.D.
FORMER PROFESSOR OF PHILOSOPHY AND PEDAGOGY
AT THE UNIVERSITIES OF VIENNA AND MUNICH
FORMER BAVARIAN MINISTER PLENIPOTENTIARY
1781 RIVERSIDE DRIVE
NEW YORK 34, N. Y.

LORRAINE 7.0176

20 - 11 - 51

Sehr verehrte, liebe Frau Professor,

leider, leider muss ich Sie wieder mit der Anfrage belästigen, ob Sie mir nochmals mit der gleichen Summe aushelfen koennen (ich glaube es sind ungefähr 4 Wochen her, dass Sie mir halfen). Es zerschlagen sich immer wieder Hoffnungen, deren Erfüllung mir ganz nahe schien. Ein grösserer Kreis meiner Freunde in Deutschland, darunter sogar der bayerische Kultusminister Dr. Brenner[+], hatten sich an die Ford-Stiftung gewandt, um ein Stipendium für mich zu erlangen, das mir erlauben würde, 2 Jahre alle nötigen Hilfen zu haben und ohne Existenzsorgen zu sein. Wider Erwarten wur-

---

[48] Albert-Einstein-Archive der Jüdischen National- und Universitätsbibliothek der Hebräischen Universität Jerusalem (Israel):
- Friedrich Wilhelm Foerster an die Ehefrau von Albert Einstein. New York, 20. November 1951. Handschriftlicher Brief, zwei Seiten. Signatur: 4°1576 – 59 694.

[+] Dr. Eduard Brenner (1888 - 1970), Anglist, war seit 1925 Professor für England- und Amerikakunde an der Hindenburg-Hochschule in Nürnberg. 1933 wurde er seines Amtes enthoben. Nach dem Zweiten Weltkrieg war er Professor und Rektor an der Universität Erlangen. Im Jahre 1950 wurde er zum Staatssekretär im bayerischen Staatsministerium für Unterricht und Kultus ernannt. [Eduard Brenner war nicht bayerischer Kultusminister, wie Foerster in seinem Brief behauptet. Anm. des Hrsg.]

de das Gesuch abgelehnt, da die Statuten der Stiftung nicht erlaubten, auswärtige Unternehmungen zu unterstützen. Ich war ferner von Einstein, Graf Sforza und dem Präsidenten des Schweizerischen Roten Kreuzes für den Nobelpreis vorgeschlagen. Ein Franzose bekam den Preis, der so viel Schweres für den Weltfrieden nicht getan hat, was der Rede wert wäre. Also bleiben Sie immer wieder meine Zukunft.

Mit den besten Wünschen für Sie und die Ihrigen
Ihr dankbar
ergebener

Fr. W. Foerster

2.14 Brief Friedrich Wilhelm Foersters an Albert Einstein. New York, 9. Mai 1953.[49]

FR. W. FOERSTER, PH.D., D.D.
FORMER PROFESSOR OF PHILOSOPHY AND PEDAGOGY
AT THE UNIVERSITY OF VIENNA AND MUNICH
FORMER BAVARIAN MINISTER PLENIPOTENTIARY
1781 RIVERSIDE DRIVE
NEW YORK 34, N. Y.
—
LORRAINE 7.0176

Herrn Professor Dr.
Albert Einstein
Princeton N. J.[+]

New York, d. 9. Mai 1953

Sehr verehrter lieber Herr Kollege,

darf ich wohl fragen, ob Sie zufaellig wieder einen kleinen Fond zu verausgaben haben und davon eine Kleinigkeit fuer mich abzweigen koennen?
Ich bin wieder einmal in schwer zu beschreibende Verlegenheit gebracht dadurch, dass ich seit mehr als 4 Monaten die Vorschuesse und Royalties nicht mehr erhalten konnte, die mir mein Verleger in Deutschland schuldet: es haben sich unerwartete und neue Schwierigkeiten in bezug auf den Transfer

---

[49] Albert-Einstein-Archive der Jüdischen National- und Universitätsbibliothek der Hebräischen Universität Jerusalem (Israel):
- Friedrich Wilhelm Foerster an Albert Einstein. New York, 9. Mai 1953. Maschinengeschriebener Brief, eine Seite. Signatur: 4°1576 – 59 693.

[+] Handschriftlicher Vermerk neben dem Adressaten: aufheben. E. [= *Einstein;* Anm. des Hrsg.]

von Dollarguthaben herausgestellt, Schwierigkeiten, die durch keine Bemuehungen meiner deutschen Freunde bis jetzt ueberwunden werden konnten. Ich habe sogar Schulden bei der Stenographin machen muessen, der ich meine „Memoiren“ und meine „Politische Ethik“ diktiere, und leider ist der Moment gekommen, wo ich diese Schulden nicht mehr fortsetzen kann.
Haben Sie vielen Dank fuer alle Geduld, mit der Sie meine immer erneuten Anfragen entgegennahmen und seien Sie in herzlicher Hochschaetzung gegruesst

von Ihrem

Fr. W. Foerster

P. S.:
Ich habe eine sehr grosse Sammlung von ueberaus interessanten deutschen Dokumenten zu meiner Verfuegung, die voellig eindeutig die ueberaus gefaehrlichen Plaene von Adenauer demaskieren: sich unter dem Paneuropaeischen Zeichen die deutsche Herrschaft in Europa zu sichern, die schliesslich in einer Art von deutscher Monroe-Doktrine gipfeln [*gipfelt*] und zum Dank fuer alle amerikanische Hilfe antiamerikanisch orientiert sein wird – aber erst, wenn [*die*; Ergänzung des Hrsg.] U.S.A. alles geleistet haben wird [*werden*], was man von ihr [*ihnen*] erwartet –. Ich schreibe darueber ein wohldokumentiertes Memo, das ich Ihnen in etwa 8 Tagen zusenden werde. Ihre Ansicht darueber und ueber die politischen Folgerungen, die daraus zu ziehen sind, wird [*werden*] mich ganz besonders interessieren.

2.15 Brief Albert Einsteins an Friedrich Wilhelm Foerster zu seinem 85. Geburtstag am 2. Juni 1954. Princeton, 21. Mai 1954.[50]

---

21. Mai 1954

Lieber, verehrter Professor Foerster:

Ich freue mich über diese Gelegenheit, Ihnen meine Anerkennung und Verehrung auszusprechen. Sie haben in wichtigen öffentlichen Angelegenheiten durch ein langes Leben nach der Wahrheit geforscht. Sie haben auch stets den Mut gefunden, solche Wahrheiten, die in den Ohren der betroffenen Gemeinschaft harsch und scharf klingen, unumwunden auszusprechen. Sie haben sich von dieser heiligen Pflicht nicht abhalten lassen durch das Bewusstsein, sich den Anfeindungen leitender Majoritäten auszusetzen, ja sich buchstäblich dieser leider so undankbaren Pflicht aufzuopfern.

Ihr hauptsächlicher Kampf hat dem international bedrohlichen deutschen Militarismus und der damit zusammenhängenden Brutalisierung und überhaupt moralischen Schädigung gegolten. Wenn es mehr einsichtige Kämpfer von Ihrem Kaliber gegeben hätte, würden Sie vielleicht den Gang der Weltgeschichte wohltätig beeinflußt haben. So aber blieb Ihnen der äussere Erfolg versagt. Für all die Bitternisse, die Sie im Laufe eines langen arbeitsreichen Lebens erfahren haben, mag Sie aber wohl das Bewusstsein entschädigen, dass Sie Ihren moralischen Pflichten in höherem Masse gerecht geworden sind als fast alle, die in dieser Generation um eine Besserung der menschlichen Verhältnisse gerungen haben.

---

[50] Albert-Einstein-Archive der Jüdischen National- und Universitätsbibliothek der Hebräischen Universität Jerusalem (Israel):

- Albert Einstein an Friedrich Wilhelm Foerster. Princeton, 21. Mai 1954. Maschinengeschriebener Brief, eine Seite. Signatur: 4°1576 – 59 695.

Mit herzlichen Glückwünschen
Ihr

Albert Einstein

Herrn
Professor Fr. W. Foerster
1781 Riverside Dr.
New York 34, N. Y.

2.16 Brief Friedrich Wilhelm Foersters an Albert Einstein. New York, 8. Juni 1954.[51]

FR. W. FOERSTER, PH.D., D.D.
FORMER PROFESSOR OF PHILOSOPHY AND PEDAGOGY
AT THE UNIVERSITY OF VIENNA AND MUNICH
FORMER BAVARIAN MINISTER PLENIPOTENTIARY
1781 RIVERSIDE DRIVE
NEW YORK 34, N. Y.

LORRAINE 7.0176

Herrn Professor Albert Einstein
112 Mercer Street
Princeton, N. J.

8. Juni 1954

Sehr verehrter lieber Herr Kollege !

Ihr lieber und ehrender Geburtstagsgruss war mir eine ganz besondere Freude und Ermutigung. Nehmen Sie meinen herzlichen Dank dafuer! Der Ausdruck Ihrer Sympathie und Ihrer Zustimmung zu dem Kampfe, den ich jahrzehntelang gefuehrt habe, machte einen grossen Eindruck auf die Festversammlung, als er von Professor Shotwell verlesen wurde.[*]

---

[51] Albert-Einstein-Archive der Jüdischen National- und Universitätsbibliothek der Hebräischen Universität Jerusalem (Israel):
- Friedrich Wilhelm Foerster an Albert Einstein. New York, 8. Juni 1954. Maschinengeschriebener Brief, zwei Seiten. Signatur: 4°1576 – 59 697.

[*] Anläßlich des 85. Geburtstages von Friedrich Wilhelm Foerster am 2. Juni 1954 veranstaltete die „Carnegie Endowment for International Peace" in New York eine Feier, bei der Foerster von dem Präsidenten der Carnegie-Stiftung, Professor Dr. James T. Shotwell,

Was den von uns bekaempften Militarismus betrifft, so scheint sich ja auch hier eine besonders höllische Spielart dieser Geistesstoerung zu entwickeln. Vor 10 Tagen erschien in der „Washington Post" der Artikel eines amerikanischen Generals deutscher Abstammung, worin in einzig dastehender Schamlosigkeit vorgeschlagen wurde, ein riesiges Gebiet Asiens, das Russland von China trennt, derartig mit der Wasserstoffbombe zu vergasen, dass jede Hilfeleistung Russlands an Asien ausgeschlossen sein wuerde. Das Tolle war, dass die Redaktion den Artikel ohne jede Reserve brachte und dass auch nachher niemand dagegen protestierte. Dies frivole Spiel mit der Weltzerstoerung laesst uns die allerschlimmsten Dinge fuer die naechste Zukunft erwarten – es sei denn, dass England hier ganz anders eingreift, als es der weichmuetige Eden[+] bisher getan hat. Was die Verhandlungen in Genf betrifft, so lassen sie mich immer an das Wort Hesiods denken: „Thoren, denn sie wissen nicht, wieviel mehr die Haelfte ist als das Ganze." In Genf

---

als ein „Apostel des Friedens" bezeichnet wurde. Shotwell verlas bei der Veranstaltung auch den Glückwunschbrief Albert Einsteins an Foerster. Vgl. Max, Pascal: Pädagogische und politische Kritik im Lebenswerk Friedrich Wilhelm Foersters. A.a.O., S. 221 f. Zum 85. Geburtstag Foersters erschien außerdem eine umfangreiche Festschrift, die Joseph Antz und Franz Pöggeler im Auftrage der Friedrich-Wilhelm-Foerster-Gesellschaft herausgaben. Vgl. Antz, Joseph / Pöggeler, Franz (Hrsg. im Auftrage der Friedrich-Wilhelm-Foerster-Gesellschaft): Friedrich Wilhelm Foerster und seine Bedeutung für die Pädagogik der Gegenwart. Festschrift zur Vollendung des 85. Lebensjahres von Professor Dr. phil. Dr. theol. h.c. Friedrich Wilhelm Foerster am 2. Juni 1954. Ratingen 1955. Mit Beiträgen von: Hans Meyer (Würzburg), Alfred Dedo Müller (Leipzig), Frans de Hovre (Gentbrügge / Belgien), Hugo Reiring (Dortmund), Johannes Messner (Wien, Birmingham), Adalbert B. Ekowski (Osnabrück), Hermann M. Görgen (Juiz de Fora / Brasilien), Joseph Matthias Görgen (Konstanz), Karl Buchheim (München), Franz Pöggeler (Münster), Renate Riemeck (Weilburg), August Fröschle-Firnmann (München), Hans Schwann (Dieulefit, Dep. la Drôme / Frankreich), Walter Mohr (Saarbrücken), Robert Saitschick (Zürich), Hulda Heckscher-Foerster, Maria Maresch (Wien) und Joseph Antz (Bonn). [Anm. des Hrsg.]

[+] Anthony Eden (1897 - 1977), britischer konservativer Politiker, war von 1935 bis 1938, von 1940 bis 1945 und von 1951 bis 1955 britischer Außenminister. Während des Zweiten Weltkrieges war Eden einer der engsten Vertrauten Winston Churchills. Von 1955 bis 1957 war Eden Premierminister Englands. Im Jahre 1957 trat Eden auf Grund der nationalen und internationalen Kritik an der britisch-französischen Militärintervention am Suezkanal (1956) zurück.

will jeder der beiden Gegner immer nur das Ganze – dabei ist natuerlich jede Einigung unmoeglich, und man sieht nicht, woher irgendeine friedliche Loesung kommen soll. Glauben Sie, dass es in den Vereinigten Staaten auch nur eine kleine Reihe von mutigen und klarsehenden Maennern gibt, die sich entschliessen wuerden, mit Ihnen zusammen einen weitwirkenden Protest gegen jenes Spiel mit der Weltzerstoerung auszusenden?
Ich werde Ihnen im Laufe der naechsten 14 Tage eine Reihe von Dokumenten senden, die ein interessantes Schlaglicht auf Adenauers wahre Absichten und Plaene werfen. Bis dahin bleibe ich mit wiederholtem Dank und mit meinen besten Wuenschen fuer Ihre Gesundheit,

Ihr herzlich ergebener

Fr. W. Foerster

3. Verzeichnis der Archivalien

Albert-Einstein-Archive der Jüdischen National- und Universitätsbibliothek der Hebräischen Universität Jerusalem (Israel):
Briefe Friedrich Wilhelm Foersters an Albert Einstein von 1935 bis 1954. Signatur: 4°1576.

- Friedrich Wilhelm Foerster an Albert Einstein. Paris, 10. September 1935. Maschinengeschriebener Brief auf sieben Seiten und eine handschriftliche Seite als Ergänzung. Signatur: 4°1576 – 49 617.
- Friedrich Wilhelm Foerster an Albert Einstein. Paris, 29. Januar 1936. Maschinengeschriebener Brief, drei Seiten. Signatur: 4°1576 – 49 622.
- Friedrich Wilhelm Foerster an Albert Einstein. Monnetier-Mornex, 13. Dezember 1936. Handschriftlicher Brief, eine Seite. Signatur: 4°1576 – 49 625.
- Friedrich Wilhelm Foerster an Albert Einstein. Monnetier-Mornex, 21. Februar 1938. Maschinengeschriebener Brief, sechs Seiten. Signatur: 4°1576 – 53 083.
- Friedrich Wilhelm Foerster an Albert Einstein. New York, 20. März 1941. Handschriftlicher Brief, drei Seiten. Signatur: 4°1576 – 55 092.
- Friedrich Wilhelm Foerster an Albert Einstein. New York, 29. Juni 1942. Handschriftlicher Brief, zwei Seiten. Signatur: 4°1576 – 55 094.
- Friedrich Wilhelm Foerster an Albert Einstein. New York, 16. August 1947. Handschriftlicher Brief, zwei Seiten. Signatur: 4°1576 – 58 182.
- Friedrich Wilhelm Foerster an Albert Einstein. New York, 26. Februar 1950. Maschinengeschriebener Brief, zwei Seiten. Signatur: 4°1576 – 59 685.
- Friedrich Wilhelm Foerster an Albert Einstein. New York, 7. November 1951. Maschinengeschriebener Brief, drei Seiten. Signatur: 4°1576 – 59 692.

- Friedrich Wilhelm Foerster an die Ehefrau von Albert Einstein. New York, 20. November 1951. Handschriftlicher Brief, zwei Seiten. Signatur: 4° 1576 – 59 694.
- Friedrich Wilhelm Foerster an Albert Einstein. New York, 9. Mai 1953. Maschinengeschriebener Brief, eine Seite. Signatur: 4°1576 – 59 693.
- Friedrich Wilhelm Foerster an Albert Einstein. New York, 8. Juni 1954. Maschinengeschriebener Brief, zwei Seiten. Signatur: 4°1576 – 59 697.

Albert-Einstein-Archive der Jüdischen National- und Universitätsbibliothek der Hebräischen Universität Jerusalem (Israel):
Briefe Albert Einsteins an Friedrich Wilhelm Foerster von 1935 bis 1954. Signatur: 4°1576.

- Albert Einstein an Friedrich Wilhelm Foerster. Old Lyme, Conn., den 25. September 1935. Maschinengeschriebener Brief, zwei Seiten. Signatur: 4°1576 – 49 621.
- Albert Einstein an Friedrich Wilhelm Foerster. Princeton, 13. März 1938. Maschinengeschriebener Brief, zwei Seiten. Signatur: 4°1576 – 53 085.
- Albert Einstein an Friedrich Wilhelm Foerster. Princeton, 4. März 1950. Maschinengeschriebener Brief, eine Seite. Signatur: 4°1576 – 59 686.
- Albert Einstein an Friedrich Wilhelm Foerster. Princeton, 21. Mai 1954. Maschinengeschriebener Brief, eine Seite. Signatur: 4°1576 – 59 695.

Albert-Einstein-Archive der Jüdischen National- und Universitätsbibliothek der Hebräischen Universität Jerusalem (Israel):

- Der österreichische Bundeskanzler Kurt von Schuschnigg an Friedrich Wilhelm Foerster. Wien, 19. März 1935. Maschinengeschriebener Brief, drei Seiten. Signatur: 4°1576 – 49 618.
- Ein Oberst der österreichischen Armee an Friedrich Wilhelm Foerster. Salzburg, 27. August 1935. Maschinengeschriebener Brief, drei Seiten. Signatur: 4°1576 – 49 619. Der kopierte Brief enthält weder den Namen noch die Adresse des Obersten der österreichischen Armee.

- Friedrich Wilhelm Foerster an den Präsidenten der Columbia-Universität, Nicholas Murray Butler. Monnetier-Mornex, 5. Dezember 1936. Kopie, maschinengeschriebener Brief, vier Seiten. Signatur: 4°1576 – 49 626.
- Tete Harens Tetens an Friedrich Wilhelm Foerster. Bayside, 16. Juni 1942. Maschinengeschriebener Brief, sechs Seiten. Signatur: 4°1576 – 55 095.
- Tete Harens Tetens an Friedrich Wilhelm Foerster. Bayside, 22. Juni 1942. Maschinengeschriebener Brief, zwei Seiten. Signatur: 4°1576 – 55 096.
- Aufruf der Friedrich-Wilhelm-Foerster-Gesellschaft (mit Sitz in Bonn) an die Rockefeller-Foundation in New York; 1951. Maschinengeschriebener Text, zwei Seiten. Signatur: 4°1576 – 59 688.

Wissenschaftshistorische Sammlungen (WHS) der Hauptbibliothek der Eidgenössischen Technischen Hochschule Zürich: Briefe Friedrich Wilhelm Foersters an den Einstein-Biographen Carl Seelig. Signatur: Hs. 304: 634 - 635.

- Friedrich Wilhelm Foerster an Carl Seelig. New York, 3. April 1953. Maschinengeschriebener Brief (eine Seite). Als Anlage enthält der Brief eine Beurteilung Einsteins durch Foerster (zwei maschinengeschriebene Seiten). Signatur: Hs. 304: 634.

4. Literaturverzeichnis

Eine umfangreiche Bibliographie zum gesamten Werk Friedrich Wilhelm Foersters wurde im Jahre 1999 in der folgenden Schrift veröffentlicht:
Max, Pascal: Pädagogische und politische Kritik im Lebenswerk Friedrich Wilhelm Foersters (1869 - 1966). Stuttgart, Hannover 1999. S. 255 - 380.

4.1 Werke Friedrich Wilhelm Foersters

- Sexualethik und Sexualpädagogik. Eine Auseinandersetzung mit den Modernen. Kempten, München 1907.

- Christentum und Klassenkampf. Sozialethische und sozialpädagogische Betrachtungen. Zürich $^{1/2}$1908, ^{3}1909.

- Sexualethik und Sexualpädagogik. Eine neue Begründung alter Wahrheiten. Kempten, München ^{2}1909, ^{3}1910, ^{4}1913, ND1917, ND1919, ND1920, ND1922, ND1923.

- Autorität und Freiheit. Betrachtungen zum Kulturproblem der Kirche. Kempten, München $^{1/2}$1910, ^{3}1911, ^{4}1920, ^{5}1922, ^{6}1923.

- Schuld und Sühne. Einige psychologische und pädagogische Grundfragen des Verbrecherproblems und der Jugendfürsorge. München 1911, ^{2}1912, ^{3}1920.

- Das österreichische Problem. Vom ethischen und staatspädagogischen Standpunkte. Wien 1914, ^{2}1916.

- Die deutsche Jugend und der Weltkrieg. Berlin, Kassel 1915; Leipzig ^{3}1916, ^{4}1918.

- England in H. St. Chamberlains Beleuchtung. Ein Protest. München $^{1/2}$1917, ^{3}1918.

- Politische Ethik und Politische Pädagogik. Mit besonderer Berücksichtigung der kommenden deutschen Aufgaben. München ^{3}1918 (stark erweiterte Auflage des 1913 erstmals erschienenen Werkes „Staatsbürgerliche Erziehung").

- Weltpolitik und Weltgewissen. München 1919.

- Zur Beurteilung der deutschen Kriegsführung. Berlin 1919 (= Veröffentlichung der „Deutschen Friedensgesellschaft" Berlin - Stuttgart).

- Mein Kampf gegen das militaristische und nationalistische Deutschland. Gesichtspunkte zur deutschen Selbsterkenntnis und zum Aufbau eines neuen Deutschland. Stuttgart 1920.

- Jugendseele, Jugendbewegung, Jugendziel. Zürich 1923.

- Alte und neue Erziehung. Luzern 1936.

- Europa und die deutsche Frage. Eine Deutung und ein Ausblick. Luzern $^{1/2}$1937.

- L'Europe et la question allemande. Traduit par Henri Bloch et Paul Roques. Avec préface de André Chaumeix. Paris 1937, 1940, 1947.

– Europe and the German question. London, New York 1940, 1941, 1975.

– Christus und das menschliche Leben. Recklinghausen ^{2}1951, ^{3}1953.

– Sexualethik und Sexualpädagogik. Eine neue Begründung alter Wahrheiten. Mit einem Geleitwort des Weihbischofs von New York, Monsignore Fulton J. Sheen. Recklinghausen ^{6}1952.

– Erlebte Weltgeschichte 1869 - 1953. Memoiren. Nürnberg, Zürich 1953.

– Schule und Charakter. Moralpädagogische Probleme des Schullebens. Recklinghausen ^{15}1953.

– Lebenskunde. Ein Buch für Knaben und Mädchen. Mainz 1953, 1958.

– Lebensführung. Ein Buch für junge Menschen. Mainz 1954, 1961.

– Politische Ethik. Recklinghausen ^{4}1956.

– Die jüdische Frage. Vom Mysterium Israels. Freiburg i. Br., Basel, Wien 1959 (= Herder-Bücherei; Band 55).

– Politische Erziehung. Mit einem Nachwort von Franz Pöggeler. Freiburg i. Br., Basel, Wien 1959, ^{2}1964 (= Schriften des Willmann-Instituts Freiburg, Wien).

– Die Hauptaufgaben der Erziehung. Freiburg i. Br., Basel, Wien 1959, ^{2}1960, ^{3}1963 (= Schriften des Willmann-Instituts Freiburg, Wien).

– Jugendlehre. Mainz ^{6}1959.

- Moderne Jugend und christliche Religion. Psychologische und pädagogische Gesichtspunkte. Freiburg i. Br., Basel, Wien 1960 (= Schriften des Willmann-Instituts Freiburg, München, Wien).

- Deutsche Geschichte und politische Ethik. Nürnberg 1961.

- Angewandte Religion oder Christsein inmitten der gegenwärtigen Welt. Freiburg i. Br., Basel, Wien 1961, ^{2}1962.

- Schuld und Sühne. Grundfragen des Verbrecherproblems und der Jugendfürsorge. Mit einem Geleitwort von Friedrich Hackauf und einem Nachwort von Franz Pöggeler. Trier ^{4}1961.

4.2 Artikel Friedrich Wilhelm Foersters in Zeitschriften

- Christus und der Krieg. IN: Der Säemann. Jahrgang 1914, Heft 9. Leipzig 1914. S. 327 - 340.

- Staat und Sittengesetz. IN: Die Friedens-Warte für zwischenstaatliche Organisation. Hrsg. von Alfred H. Fried. 17. Jahrgang. Heft 3/4, März/April 1915. Berlin, Leipzig, Wien 1915. S. 25 - 30.

- Zur Beurteilung des deutschen „Militarismus". IN: Blätter für zwischenstaatliche Organisation. Der „Friedens-Warte" XVII. Jahrgang. Nr. 5, Juli 1915. Zürich 1915. S. 165 f.

- Bismarcks Werk im Lichte der großdeutschen Kritik. IN: Die Friedens-Warte. Blätter für zwischenstaatliche Organisation. Hrsg. von Alfred H. Fried. 18. Jahrgang, Nr. 1, Januar 1916. Zürich 1916. S. 1 - 9.

- The Genesis of the European Crisis. IN: The National Review. London, October 1935. P. 455 - 462.

4.3 Sekundärliteratur

- Antz, Joseph / Pöggeler, Franz (Hrsg. im Auftrage der Friedrich-Wilhelm-Foerster-Gesellschaft): Friedrich Wilhelm Foerster und seine Bedeutung für die Pädagogik der Gegenwart. Festschrift zur Vollendung des 85. Lebensjahres von Professor Dr. phil. Dr. theol. h.c. Friedrich Wilhelm Foerster am 2. Juni 1954. Ratingen 1955. Mit Beiträgen von: Hans Meyer (Würzburg), Alfred Dedo Müller (Leipzig), Frans de Hovre (Gentbrügge / Belgien), Hugo Reiring (Dortmund), Johannes Messner (Wien, Birmingham), Adalbert B. Ekowski (Osnabrück), Hermann M. Görgen (Juiz de Fora / Brasilien), Joseph Matthias Görgen (Konstanz), Karl Buchheim (München), Franz Pöggeler (Münster), Renate Riemeck (Weilburg), August Fröschle-Firnmann (München), Hans Schwann (Dieulefit, Dep. la Drôme / Frankreich), Walter Mohr (Saarbrücken), Robert Saitschick (Zürich), Hulda Heckscher-Foerster, Maria Maresch (Wien) und Joseph Antz (Bonn). [Anm. des Hrsg.]

- Eberhard,Otto: Der „Fall Foerster" in der „freien" Schweiz. IN: Der alte Glaube. 14. Jahrgang. Kassel 1912. Sp. 1087 - 1098.

- Friedrich W. Foerster. IN: The New York Times (international). Vol. 115 (No. 39, 447). January 24, 1966. New York 1966. P. 8.

- Für und wider Foerster. IN: Hochland. Monatsschrift für alle Gebiete des Wissens / der Literatur & Kunst. Hrsg. von Karl Muth. 9. Jahrgang, Band 2 (April 1912 - September 1912). Kempten, München 1912. S. 490 - 496.

- Görlich, Franz Joseph: Friedrich Wilhelm Foerster (1869 - 1966). IN: Österreichische Pädagogische Warte. Monatsschrift der Katholischen Lehrervereinigungen Österreichs. 54. Jahrgang, Heft 4, April 1966. Wien 1966. S. 107 - 110.

- Laue, Max von: Albert Einstein. 1879 - 1955. IN: Die großen Deutschen. Deutsche Biographie. Hrsg. von Hermann Heimpel, Theodor Heuss und Benno Reifenberg. 4. Band. Berlin 1957. S. 386 - 397.

- Lipp, Karlheinz: Pazifistische Wissenschaftler gegen die Entfesselung des Ersten Weltkrieges. Der „Aufruf an die Europäer“ vom Oktober 1914. IN: Geschichte, Erziehung, Politik. Magazin für historische und politische Bildung. Hrsg. vom Pädagogischen Zeitschriftenverlag (Berlin). 8. Jahrgang, Heft 6. Berlin 1997. S. 359 - 361.

- Lutz, Heinrich: Deutscher Krieg und Weltgewissen. Friedrich Wilhelm Foersters politische Publizistik und die Zensurstelle des bayerischen Kriegsministeriums (1915 - 1918). IN: Zeitschrift für bayerische Landesgeschichte. Hrsg. von der Kommission für bayerische Landesgeschichte bei der Bayerischen Akademie der Wissenschaften. Band 25. München 1962. S. 470 - 549.

- Max, Pascal: Pädagogische und politische Kritik im Lebenswerk Friedrich Wilhelm Foersters (1869 - 1966). Stuttgart, Hannover 1999.

- Pais, Abraham: „Raffiniert ist der Herrgott ...“: Albert Einstein. Eine wissenschaftliche Biographie. Übersetzt von Roman U. Sexl, Helmut Kühnelt und Ernst Streeruwitz. Braunschweig, Wiesbaden 1986. S. 520.

- Paplauskas-Ramunas, Anthony: Interview mit Fr. W. Foerster. New York, USA. IN: Vierteljahrsschrift für wissenschaftliche Pädagogik. Hrsg. von Kurt Haase und Wilhelm Hansen (u.a.). 33. Jahrgang. Heft 1. Bochum 1957. S. 52 - 66.

- Pöggeler, Franz: Über die Verwertung fremder Bildungselemente und ausländischer Institutionen. Ein Briefwechsel. IN: Pädagogische Rundschau. Hrsg. von Joseph Antz. 6. Jahrgang. Ratingen 1951/52. S. 337 - 342 und 529 - 534.

- Pöggeler, Franz: Friedrich-Wilhelm-Foerster-Gesellschaft. IN: Vierteljahrsschrift für wissenschaftliche Pädagogik. Hrsg. vom Deutschen Institut für wissenschaftliche Pädagogik, Münster. 29. Jahrgang. Bochum 1953. S. 70 f.

- Pöggeler, Franz: Allgemeine Charakteristik der Pädagogik Friedrich Wilhelm Foersters. IN: Friedrich Wilhelm Foerster und seine Bedeutung für die Pädagogik der Gegenwart. Festschrift zur Vollendung des 85. Lebensjahres von Professor Dr. phil. Dr. theol. h.c. Friedrich Wilhelm Foerster am 2. Juni 1954. Hrsg. im Auftrage der Friedrich-Wilhelm-Foerster-Gesellschaft von Joseph Antz und Franz Pöggeler. Ratingen 1955. S. 128 - 155.

- Pöggeler, Franz: Die Pädagogik Friedrich Wilhelm Foersters. Eine systematische Darstellung. Freiburg i. Br. 1957.

- Pöggeler, Franz: Der Beitrag Fr. W. Foersters zur Theorie der politischen Erziehung. IN: Foerster, Friedrich Wilhelm: Politische Erziehung. Basel, Freiburg, Wien 1959. S. 176 - 184.

- Pöggeler, Franz: Friedrich Wilhelm Foerster und die deutsche Pädagogik. Zum 2. Juni 1959. IN: Lebendige Schule. 14. Jahrgang, Nr. 6. Frankfurt a. M. 1959. S. 281 - 286.

- Pöggeler, Franz: Umgang mit Friedrich Wilhelm Foerster. IN: Westdeutsche Schulzeitung. Organ der Gewerkschaft Erziehung und Wissenschaft, Landesverband Rheinland-Pfalz. 69. Jahrgang, Nr. 21, 10. November 1960. Speyer a. Rh. 1960. S. 317 - 319.

- Pöggeler, Franz: Joseph Antz und die Friedrich-Wilhelm-Foerster-Gesellschaft. IN: Pädagogische Rundschau. 14. Jahrgang. Ratingen 1960. S. 266 - 268.

- Pöggeler, Franz: Autorität in der Erziehung heute. IN: Joos, Heribert Felix / Pöggeler, Franz: Moderne Jugend und neue Autorität. Freiburg i. Br., Basel, Wien 1965, [2]1966 (= Beiträge zur Jugendforschung; Band 2). S. 53 - 80.

- Pöggeler, Franz: Friedrich Wilhelm Foerster †. IN: Erwachsenenbildung. Vierteljahrsschrift. Hrsg. von Albrecht Beckel (u.a.). 12. Jahrgang. 1966. S. 181 f.

- Pöggeler, Franz: Ein Schüler der letzten Bank. Der Lebenslauf des Oberprimaners Friedrich Wilhelm Foerster. IN: Katholische Frauenbildung. Organ des Vereins katholischer deutscher Lehrerinnen (VkdL). Hrsg. von Marilone Emmerich und Maria Kranzhoff. 69. Jahrgang. Paderborn 1968. S. 153 - 159.

- Pöggeler, Franz: Friedrich Wilhelm Foerster – Aus Deutschland vertrieben und nicht wieder angeeignet. IN: Erziehungswissenschaft und Nationalsozialismus. Eine kritische Positionsbestimmung. Hrsg. von Wolfgang Keim (u.a.). Marburg 1990 (= Forum Wissenschaft, Studienheft Nr. 9). S. 73 - 86.

- Pöggeler, Franz: Außenseiter der Religionspädagogik. Friedrich Wilhelm Foerster. IN: Katechetische Blätter. Zeitschrift für Religionsunterricht. 116. Jahrgang. München 1991. S. 360 - 364.

- Pöggeler, Franz: Macht und Ohnmacht der Pädagogik 1945 bis 1993: Im Spannungsfeld zwischen Erziehung, Politik und Gesellschaft. Ein Erfahrungsbericht. München 1993.

- Pöggeler, Franz: Zwischen Staatsraison und Weltfrieden. Der Kampf Friedrich Wilhelm Foersters gegen Nationalismus und Nationalsozialismus. IN: Iven, Mathias (Hrsg. im Auftrage des Urania-Vereins „Wilhelm Foerster“ Potsdam e.V.): 3 x Foerster. Beiträge zu Leben und Werk von Wilhelm Foerster, Friedrich Wilhelm Foerster und Karl Foerster. Milow 1995. S. 143 - 172.

- Schulte, Franz Gerrit: Der Publizist Hellmut von Gerlach (1866 - 1935). Welt und Werk eines Demokraten und Pazifisten. München, New York, London, Paris 1988.

- Seelig, Carl: Albert Einstein. Eine dokumentarische Biographie. Zürich, Stuttgart, Wien [2]1954 (umgearbeitete und stark vermehrte Auflage des 1952 erschienenen Buches „Albert Einstein und die Schweiz“).

- Wilker, Karl: Der „Fall“ Fr. W. Foerster. IN: Deutsche Blätter für erziehenden Unterricht. 39. Jahrgang, Nr. 32. Langensalza 1911/12. S. 319 - 321.

5. Druckgenehmigung

Die vorliegende Veröffentlichung des Briefwechsels zwischen Friedrich Wilhelm Foerster und Albert Einstein in den Jahren 1935 bis 1954 wurde von den Albert-Einstein-Archiven der Jüdischen National- und Universitätsbibliothek der Hebräischen Universität Jerusalem (Israel) genehmigt. Frau Barbara Wolff, Assistentin des Direktors der Albert-Einstein-Archive der Jüdischen National- und Universitätsbibliothek Jerusalem, erteilte dem Herausgeber am 05. August 2001 per eMail die Druckgenehmigung.

- Adresse der Albert-Einstein-Archive:
  The Albert Einstein Archives
  – Department of Manuscripts and Archives –
  The Jewish National and University Library
  The Hebrew University of Jerusalem
  Givat Ram
  POB 34165
  Jerusalem 91341, Israel
  Tel.: 00972 - 2 - 6585781
  Fax: 00972 - 2 - 6586910

- Homepage der Albert-Einstein-Archive:
  http://www.albert-einstein.org/

- eMail:
  einstein@vms.huji.ac.il

6. Nachwort

Der Herausgeber möchte mit der vorliegenden Schrift Herrn Professor Dr. Dr. h.c. Franz Pöggeler (bis zur Emeritierung im Jahre 1992 Lehrstuhlinhaber für Allgemeine Pädagogik und Direktor des Seminars für Pädagogik und Philosophie an der Rheinisch-Westfälischen Technischen Hochschule Aachen) ganz herzlich zu seinem 75. Geburtstag am 23. Dezember 2001 gratulieren. Herr Professor Pöggeler befaßt sich seit einem halben Jahrhundert sehr intensiv mit dem Leben und Werk Friedrich Wilhelm Foersters, dessen Nachlaß er seit dem Tode Foersters am 9. Januar 1966 verwaltet hat. Im Jahre 2000 hat Professor Pöggeler den kompletten Bestand seines Friedrich-Wilhelm-Foerster-Archivs an das Bundesarchiv in Koblenz (Potsdamer Straße 1, 56075 Koblenz) übergeben, um den öffentlichen Zugang zu den Akten Foersters auch in Zukunft sicherzustellen. Die wichtigsten Ergebnisse seiner Forschungsarbeit über Foerster veröffentlichte Pöggeler im Jahre 1957 unter dem Titel „Die Pädagogik Friedrich Wilhelm Foersters."[*] Darüber hinaus erschienen in den letzten 50 Jahren mehrere Monographien, Beiträge und Artikel Pöggelers, in denen er die ethischen, religiösen, politischen und sozialen Vorstellungen Foersters analysiert und deren Aktualität aufgezeigt hat.[+]

[*] Pöggeler, Franz: Die Pädagogik Friedrich Wilhelm Foersters. Eine systematische Darstellung. Freiburg i. Br. 1957.

[+] Pöggeler, Franz:

- Über die Verwertung fremder Bildungselemente und ausländischer Institutionen. Ein Briefwechsel. IN: Pädagogische Rundschau. Hrsg. von Joseph Antz. 6. Jahrgang. Ratingen 1951/52. S. 337 - 342 und 529 - 534.
- Friedrich-Wilhelm-Foerster-Gesellschaft. IN: Vierteljahrsschrift für wissenschaftliche Pädagogik. Hrsg. vom Deutschen Institut für wissenschaftliche Pädagogik, Münster. 29. Jahrgang. Bochum 1953. S. 70 f.
- Allgemeine Charakteristik der Pädagogik Friedrich Wilhelm Foersters. IN: Friedrich Wilhelm Foerster und seine Bedeutung für die Pädagogik der Gegenwart. Festschrift zur Vollendung des 85. Lebensjahres von Professor Dr. phil. Dr. theol. h.c. Friedrich Wilhelm Foerster am 2. Juni 1954. Hrsg. im Auftrage der Friedrich Wilhelm-Foerster-Gesellschaft von Joseph Antz und Franz Pöggeler. Ratingen 1955. S. 128 - 155.

Die Idee zur Veröffentlichung des Briefwechsels zwischen Friedrich Wilhelm Foerster und Albert Einstein entstand im Jahre 1999. Im Sommersemester 1999 hatte der Herausgeber dieser Schrift das freundliche Angebot erhalten, an der Ruhr-Universität Bochum in dem von den Herren Professor Dr. Gert König, PD Dr. Helmut Pulte und PD Dr. Ulrich Charpa geleiteten Kolloquium zur „Wissenschaftstheorie und Wissenschaftsgeschichte" über drei Sitzungen hinweg einen Vortrag zum Thema „Leben und Werk Friedrich Wilhelm Foersters mit besonderer Berücksichtigung seiner Ethik" zu halten. Im An-

---

- Der Beitrag Fr. W. Foersters zur Theorie der politischen Erziehung. IN: Foerster, Friedrich Wilhelm: Politische Erziehung. Basel, Freiburg, Wien 1959. S. 176 - 184.
- Friedrich Wilhelm Foerster und die deutsche Pädagogik. Zum 2. Juni 1959. IN: Lebendige Schule. 14. Jahrgang, Nr. 6. Frankfurt a. M. 1959. S. 281 - 286.
- Umgang mit Friedrich Wilhelm Foerster. IN: Westdeutsche Schulzeitung. Organ der Gewerkschaft Erziehung und Wissenschaft, Landesverband Rheinland-Pfalz. 69. Jahrgang, Nr. 21, 10. November 1960. Speyer a. Rh. 1960. S. 317 - 319.
- Joseph Antz und die Friedrich-Wilhelm-Foerster-Gesellschaft. IN: Pädagogische Rundschau. 14. Jahrgang. Ratingen 1960. S. 266 - 268.
- Autorität in der Erziehung heute. IN: Joos, Heribert Felix / Pöggeler, Franz: Moderne Jugend und neue Autorität. Freiburg i. Br., Basel, Wien 1965, [2]1966 (= Beiträge zur Jugendforschung; Band 2). S. 53 - 80.
- Friedrich Wilhelm Foerster †. IN: Erwachsenenbildung. Vierteljahrsschrift. Hrsg. von Albrecht Beckel (u.a.). 12. Jahrgang. 1966. S. 181 f.
- Ein Schüler der letzten Bank. Der Lebenslauf des Oberprimaners Friedrich Wilhelm Foerster. IN: Katholische Frauenbildung. Organ des Vereins katholischer deutscher Lehrerinnen (VkdL). Hrsg. von Marilone Emmerich und Maria Kranzhoff. 69. Jahrgang. Paderborn 1968. S. 153 - 159.
- Friedrich Wilhelm Foerster – Aus Deutschland vertrieben und nicht wieder angeeignet. IN: Erziehungswissenschaft und Nationalsozialismus. Eine kritische Positionsbestimmung. Hrsg. von Wolfgang Keim (u.a.). Marburg 1990 (= Forum Wissenschaft, Studienheft Nr. 9). S. 73 - 86.
- Außenseiter der Religionspädagogik. Friedrich Wilhelm Foerster. IN: Katechetische Blätter. Zeitschrift für Religionsunterricht. 116. Jahrgang. München 1991. S. 360 - 364.
- Macht und Ohnmacht der Pädagogik 1945 bis 1993: Im Spannungsfeld zwischen Erziehung, Politik und Gesellschaft. Ein Erfahrungsbericht. München 1993.
- Zwischen Staatsraison und Weltfrieden. Der Kampf Friedrich Wilhelm Foersters gegen Nationalismus und Nationalsozialismus. IN: Iven, Mathias (Hrsg. im Auftrage des Urania-Vereins „Wilhelm Foerster" Potsdam e.V.): 3 x Foerster. Beiträge zu Leben und Werk von Wilhelm Foerster, Friedrich Wilhelm Foerster und Karl Foerster. Milow 1995. S. 143 - 172.

schluß an den Vortrag ergaben sich im Kolloquium zwischen dem Vortragenden, den Dozenten sowie den Studentinnen und Studenten spannende Diskussionen über das Lebenswerk Foersters, bei denen Herr Dr. Pulte dem Herausgeber den wichtigen Hinweis gab, in den Einstein-Archiven nachzufragen, ob dort auch Briefe zwischen Foerster und Einstein archiviert seien.

Zum Schluß möchte der Herausgeber Frau Dina Carter (Assistentin des Direktors der Albert-Einstein-Archive der Jüdischen National- und Universitätsbibliothek Jerusalem) ganz herzlich dafür danken, daß sie ihm im Jahre 1999 von dem vorhandenen Briefwechsel zwischen Friedrich Wilhelm Foerster und Albert Einstein Kopien anfertigte.

Aachen und Herdecke (Ruhr), im Dezember 2001.

Pascal Max

Adresse des Herausgebers

Pascal Max
Tulpenweg 25
D - 58313 Herdecke (Ruhr)
Tel. / Fax: 02330 - 3450

Homepage: http://home.t-online.de/home/Pascal.Max/max.htm
eMail: Pascal.Max@t-online.de

Pascal Max
Pädagogische und politische Kritik im
Lebenswerk Friedrich Wilhelm Foersters
(1869 - 1966)
ibidem

Pascal Max

Pädagogische und politische Kritik im Lebenswerk Friedrich Wilhelm Foersters (1869 - 1966)

ISBN 3-932602-66-8
384 S., Paperback, illustriert, EUR 34,80

Erhältlich in jeder Buchhandlung oder direkt bei
ibidem

In der Studie von Pascal Max wird das Leben und Werk Friedrich Wilhelm Foersters (1869 - 1966) als Philosoph, Pädagoge und "Zóon politikón" umfassend dargestellt und analysiert. Einen besonderen Schwerpunkt der Arbeit bildet Foersters pädagogisch-politische Kritik während des Ersten und Zweiten Weltkrieges. Foerster profilierte sich in dieser Zeit als Sprecher eines ethisch-religiös fundierten Pazifismus.
Friedrich Wilhelm Foerster war von 1898 bis 1912 Privatdozent für Philosophie und Moralpädagogik an der Universität Zürich und an der Eidgenössischen Technischen Hochschule Zürich, in den Jahren 1913 und 1914 Professor für Pädagogik an der Universität Wien und von 1914 bis 1920 Professor für Pädagogik an der Ludwig-Maximilians-Universität München. In seinen philosophischen und pädagogischen Schriften hat er sich mit ethischen, politischen, sozialen und religiösen Themen sowie mit der sexuellen Frage auseinandergesetzt. Er strebte eine konsequente Reform der Erziehung auf christlicher und ethischer Grundlage an. Als zentrale Erziehungsziele sah er die Charakter-, Willens- und Menschenbildung sowie die Gewissensschulung an. Das Hauptthema seiner Lebensarbeit war die Rückkehr aller Lebensbereiche zu einer reflektierten Ethik mittels einer Pädagogik, die insbesondere durch politische und soziale Erziehung aus der nationalistischen Verengung herausführt.

Der Autor:

Pascal Max ist Historiker und Erziehungswissenschaftler. Er studierte Geschichte, Pädagogik, Philosophie und Geographie an der Ruhr-Universität Bochum, an der Universität Dortmund und an der Bergischen Universität Wuppertal.

ibidem-Verlag • Melchiorstr. 15 • 70439 Stuttgart • Tel.: 0711/9807954 • Fax: 0711/8001889
ibidem@ibidem-verlag.de

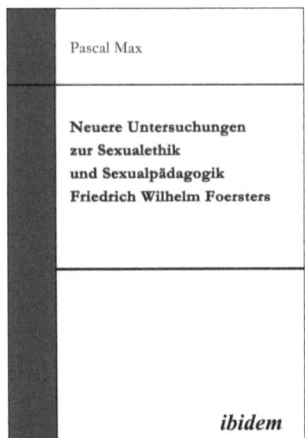